Groß- und Kleinschreibung verständlich erklärt. Alte & neue Regelung

Christian Stetter

Groß- und Kleinschreibung verständlich erklärt

Alte & neue Regelung

Urania

Zum gleichen Themenbereich im Urania Verlag:
Antje Dohrn: 50 leichte Diktate in der alten & neuen Rechtschreibung.
Antje Dohrn: 50 einfache und kurze Diktate in der alten & neuen Rechtschreibung.
Klaus Mackowiak: 50 leichte Lücken-Diktate in der alten & neuen Rechtschreibung.
Christian Stetter: Zeichensetzung verständlich erklärt: Alte & neue Regelung.
Christian Stetter: Getrennt- und Zusammenschreibung verständlich erklärt: Alte & neue Regelung.

Die Deutsche Bibliothek – CIP-Einheitsaufnahme

Stetter, Christian:
Groß- und Kleinschreibung verständlich erklärt. Alte & neue Regelung /
Christian Stetter. – Berlin: Urania, 1998
    ISBN 3-332-00628-2

ISBN 3-332-00628-2

© 1998 by Urania Verlag in der Dornier Medienholding GmbH, Berlin

Umschlaggestaltung: Behrend & Buchholz, Hamburg
Lektorat: Dr. Marianne Jabs
Satz: OLD-Satz digital, Neckarsteinach
Druck: Druckerei zu Altenburg
Printed in Germany
Gedruckt auf alterungsbeständigem Papier
mit chlorfrei gebleichtem Zellstoff

Inhalt

Vorwort

Dieser Band erläutert die Groß- und Kleinschreibung im Deutschen. Schwierigkeiten haben hier seit jeher die Regelungen der Eigennamen- und der Substantivschreibung gemacht. Dies lag im wesentlichen daran, daß im Duden, an dessen Regeln man sich meistens orientierte, die für diese Regelungen grundlegenden Begriffe des Eigennamens und der substantivischen Verwendung eines Wortes entweder gar nicht oder nur unzureichend erklärt waren.

Dieses Buch geht hier einen grundsätzlich anderen Weg und erklärt mit modernen logischen und sprachwissenschaftlichen Mitteln diese Grundbegriffe so, daß sie auch der Laie verstehen und anwenden kann. Wenn man sich einmal im Grundsatz klargemacht hat, was ein Eigenname ist – wir haben dies am Beispiel der Taufe erklärt (vgl. S. 45 Nr. 33 ff.) –, dann kann man auch im Einzelfall viel leichter entscheiden, ob es sich z. B. bei den Ausdrücken *Erste Hilfe* oder *Ohmsches Gesetz* um Eigennamen handelt oder nicht.[1] Die vielen Beispiele helfen, den Grundgedanken zu verstehen.

Entsprechendes gilt für die Substantivschreibung. Für deren Regelung ist nicht entscheidend, was ein Substantiv von der Art seiner Wortbildung her ist: ein Wort, das ein bestimmtes grammatisches Geschlecht hat und dekliniert werden kann, sondern die Weise seiner Verwendung im Satz. Wir haben die ‚substantivische' Verwendung eines Wortes auf zwei Grundsätze zurückgeführt: einen semantischen (die Bedeutung betreffenden), der den grundsätzlichen Unterschied von Substantiven und Zahlwörtern erklärt (vgl. S. 53 Nr. 46 ff.), und einen syntaktischen (die Verwendung im Satz betreffenden) (vgl. S. 57 Nr. 52 ff.), der die Kleinschreibung von adverbiell oder metaphorisch verwendeten Adjektiven oder Partizipien wie *im allgemeinen*, *im folgenden*, *im wesentlichen* und anderer Fälle erklärt, die in der Duden-Systematik immer als schwer verständliche Ausnahmen erscheinen mußten. Auch alle Desubstantivierungen – *ein paar*, *dank der Hilfe* etc. – lassen sich auf diese Weise bündig erklären.

Ganz einfach ist weder die Eigennamen- noch die Substantivschreibung; aber mit diesem Ansatz läßt sich beides – das hoffe ich zumindest – verstehen. Wer sich die Mühe macht, das Kapitel „Grundsätze und Regeln der Groß- und Kleinschreibung" im Zusammenhang zu lesen und die dort gegebenen Erläuterungen nachzuvollziehen, wird dadurch die Systematik der Groß- und Kleinschreibung sehr viel besser begreifen und eine große Sicherheit in ihrem Gebrauch erwerben.

Man braucht aber natürlich dieses Kapitel nicht zu lesen. Der Band gibt auch sonst in den Kapiteln „Die Regeln im Überblick" und in dem kleinen Wörterverzeichnis am Ende, in dem „kritische" Fälle zusammengestellt sind, viele Hilfen für die Praxis des Schrei-

---

[1] Der Neuregelung zum Trotz: dies sind Eigennamen und wären auch nach der Amtlichen Regelung „eigentlich" zu schreiben wie hier.

bens. Dort kann man im konkreten Fall nachschlagen, wenn man wissen will, wie ein Wort geschrieben wird. Die Kennummern, die sowohl in den Regelteil wie in das Wörterverzeichnis eingearbeitet sind, verweisen jeweils auf die Stelle im Buch, wo das betreffende Problem erläutert ist. Wer daher etwas länger mit diesem Band arbeitet, wird so allmählich mit den „Feinheiten" der Regelung vertraut werden.

Das Kapitel *Grammatische Grundbegriffe* erläutert diejenigen grammatischen Begriffe, die man für eine Erklärung der Regeln der Groß- und Kleinschreibung braucht. Die Orthographie des Deutschen ist durchgängig grammatisch geregelt – im Unterschied zu anderen europäischen Sprachen –, und daher war dieses Minimum an Grammatik unerläßlich.

Nun ein Wort zur **Amtlichen Regelung**, der vieldiskutierten und umstrittenen **Neuregelung der Rechtschreibung des Deutschen**. Wenigen Verbesserungen stehen – um es kurz zu sagen – viele Verschlechterungen gegenüber. Leichter ist durch sie kaum etwas geworden – im Gegenteil. Nach dem Urteil des Bundesverfassungsgerichts am 14. Juli 1998 ist jedenfalls soviel klar:

(1) die Länder haben das Recht, diese Regelung in den Schulen einzuführen. Nach der Meinung des Gerichts – und da hat es m. E. recht – sind die Änderungen gegenüber der alten Regelung nicht so gravierend, daß nicht die Kommunikationsfähigkeit erhalten bliebe. Wer die Neuregelung gelernt hat, wird immer auch Texte in der alten Schreibweise lesen können und umgekehrt.

(2) Gleichzeitig hat das Gericht jedoch die Geltung der Neuregelung – aus demselben Grund – auf den Bereich der Schule begrenzt. Wörtlich heißt es in dem Urteil: *„Soweit dieser Regelung rechtliche Verbindlichkeit zukommt, ist diese auf den Bereich der Schule beschränkt. Personen außerhalb dieses Bereichs sind rechtlich nicht gehalten; die neuen Rechtschreibregeln zu beachten und die reformierte Schreibung zu verwenden. Sie sind vielmehr frei, wie bisher zu schreiben"*[a]. Dies bedeutet, daß man diese Regelung außerhalb der Schule für niemanden verbindlich machen kann, nicht einmal für den Bereich staatlicher oder kommunaler Behörden – und natürlich schon gar nicht für sonstige Institutionen, für Privatunternehmen, für Verlage oder gar für Privatpersonen.

Das Urteil des Bundesverfassungsgerichts bedeutet – mit anderen Worten – daß wir es in deutschsprachigen Raum in den kommenden zwanzig bis dreißig Jahren mit zwei Orthographien zu tun haben werden, bis sich irgendwann wieder eine einheitliche Regelung eingespielt haben wird.

[a] Urteilsbegründung S. 59.

Angesichts der vielen Schwächen oder gar Unsinnigkeiten der Neuregelung in den Bereichen der Fremdwortschreibung, der Getrennt- und Zusammenschreibung, der Groß- und Kleinschreibung und der Worttrennung am Zeilenende wird man zumindest in Teilen bei der alten Regelung bleiben, vor allem bei den Literaturverlagen, in großen Teilen der Publizistik, in der Wissenschaft usw.[2], denn hier hat der Staat keine Regelungskompetenz. Ohnehin ist der Versuch, ein Sprachsystem – denn das ist die Schrift – von Staats wegen wie hier geschehen zu regeln, indem man den allgemein üblichen Gebrauch ändert, ein Unding.[3] So etwas wird sich sicher nicht noch einmal wiederholen.

Eines ist allerdings auch sicher: Ein einfaches Zurück zur alten Duden-Regelung wird es in keinem Fall geben, denn auch diese hatte ihre Probleme, obwohl sie der Neuregelung sicher vorzuziehen ist. Aus diesem Grund bringt dieser Band die **herkömmliche** und die **Neuregelung**. Wir haben zunächst die „alte" Regelung dargestellt, weil sie die bei weitem klarere war und ist. Die Neuregelung ist logisch leider mehr als nur verworren: sie ist in sich widersprüchlich. Hier kann man sich nur die einzelnen Schreibweisen einprägen. Wir haben daher die betreffenden Neuregelungen jeweils am Ende der entsprechenden „alten" Regelung vermerkt. Am Ende des Kapitels „Die Regeln im Überblick" haben wir alle Neuschreibungen in einer Liste zusammengestellt (S. 19 ff.).

Der Leser/die Leserin wird bereits bemerkt haben, daß dieser Band nicht in der neuen Rechtschreibung abgefaßt ist. Ich halte die alte Regelung für ungleich besser, gerade in den Bereichen der Getrennt- und Zusammenschreibung und der Groß- und Kleinschreibung, und deshalb werde ich – wie wohl die große Mehrzahl der deutschsprachigen Autoren – bei ihr bleiben. Das ist nicht nur Liebe zum Althergebrachten – obwohl dieses Motiv durchaus mitschwingen mag. Viele „neue" Schreibweisen wie *im Allgemeinen*, *im Wesentlichen*, *der Dritte in der Reihe*, *der Einzelne* usw. sind semantisch irreführend, und eine Schreibweise wie *gestern Abend* ist grammatisch schlicht und ergreifend falsch.[4] Die „alten" Schreibungen waren eben keineswegs willkürliche Regelungen, sondern hatten in der Regel ihren Grund.

Ich habe mir allerdings auch die Freiheit genommen, in einigen Fällen von der alten Duden-Regelung abzuweichen. So schreibe ich *sodaß*, *großschreiben*, *kleinschreiben*, weil die alten Duden-Schreibweisen *so daß*, *groß schreiben*, *klein schreiben* im ersten

---

[2] „Einigen Unsinn bei der Silbentrennung, der Getrennt- und Zusammenschreibung wie der Groß- und Kleinschreibung werden nicht alle mitmachen wollen" (FAZ vom 15. 7. 1998, S. 1).

[3] Bei der Orthographischen Konferenz in Berlin 1901 hat man dagegen nicht mehr getan, als die Orthographie, wie sie sich bis dahin – ohne staatliche Reglementierung – entwickelt hatte, knapp zu beschreiben. Geändert hat man damals nur eine einzige, nebensächliche Regelung: die bis dahin übliche Th-Schreibung am Wortanfang (Thür, Thor, …) wurde abgeschafft. Der Duden hat in den folgenden Jahrzehnten auch nichts anderes getan, als sich von Auflage zu Auflage der Entwicklung des Schriftgebrauchs mehr oder weniger genau anzupassen.

[4] Rechtsattribut zu einem Adverb (*gestern*) kann im Deutschen *nie* ein artikellos verwendetes Substantiv im Nominativ sein, sondern immer nur ein Substantiv im Genitiv oder Akkusativ oder verbunden mit einer Präposition: gestern des Tages, den ganzen Tag bzw. nach Feierabend usw., aber nie: gestern Tag. Daher muß in gestern abend abend Adverb sein, wie in gestern früh, gestern spät usw. Die „alte" Kleinschreibung war also grammatisch motiviert.

Fall zweifellos falsch ist (denn *sodaß* ist ein Wort wie *sobald* oder *sodann*), während in den beiden anderen Fällen die Grundregel der Getrennt- und Zusammenschreibung hier eindeutig für die Zusammenschreibung spricht.[5] Dieses Recht, in bestimmten Punkten von der Norm abzuweichen, hat – mit Ausnahme von Lehrern und Schülern beim Diktat – jeder. Man sollte davon freilich nur sparsam Gebrauch machen.

So hat die Neuregelung auch ihr Gutes: Sie wird, auch wo sie sich nicht durchsetzt, dazu führen, daß der alte „Duden-Mythos" zumindest hie und da seine Geltung verliert und an seine Stelle ein freierer, vom Sinn geleiteter Umgang mit orthographischen Normen tritt. Dazu will auch dieser Band beitragen, indem er den Sinn der auf den ersten Blick oft unverständlich scheinenden Regelungen der Groß- und Kleinschreibung auf klare Grundsätze zurückführt und damit verstehbar macht. Grenzfälle wird es allerdings immer geben: Ich würde eher *Anzeige gegen Unbekannt* schreiben, aber: *verzogen nach unbekannt*. Doch muß man zugeben, daß auch in beiden Fällen die Groß- oder die Kleinschreibung möglich wäre. Und ein „Name" wie *Zweiter Weltkrieg* hat zwar viele Ähnlichkeiten mit einem Eigennamen, darum würde ich hier die Großschreibung vorziehen, doch sprechen auch einige Gründe für die Kleinschreibung, denn ursprünglich ist diese Bezeichnung eine reine Kennzeichnung. Es war eben der zweite Weltkrieg (in unserer Geschichte oder in diesem Jahrhundert). Solche Phänomene sind also keine Defekte der Regelung, sondern liegen in der Natur der Sache: Wo es reinrassige Hunde gibt, gibt es immer auch Mischlinge. Die Regelung muß daher logisch so klar wie möglich sein.[6] Ich hoffe, die Darstellung in diesem Band kommt diesem Ziel zumindest nahe.

Notwendigerweise bleiben daher in einem Buch zur Orthographie immer Fragen unbeantwortet. Dem Leser/der Leserin sei in solchen Fällen das **Grammatische Telefon** empfohlen (aus dessen Praxis auch dieser Band erwachsen ist). Erfreulicherweise gibt es diese Einrichtung jetzt nicht mehr nur in **Aachen (0241-806074)**, sondern seit Juni 1997 auch in **Potsdam (0331-9772424).** Wer immer Fragen zum Schriftgebrauch hat – seien es Probleme der Orthographie, der Grammatik, der Stilistik oder der Textformulierung –, möge sich an eine dieser beiden Nummern wenden. Unsere Mitarbeiter/innen an beiden Telefonen werden ihr/ihm in den allermeisten Fällen weiterhelfen können.

Aachen, im August 1998   Christian Stetter

---

[5] Man kann ja sehr wohl ein Wort, das man großschreibt (d. h. mit großem Anfangsbuchstaben schreibt), klein schreiben (in kleinen Lettern).

[6] D. h.: Von ein und derselben orthographischen Praxis kann es verschiedene Darstellungen geben. Die alte des Duden tat es mehr schlecht als recht, die neue in der Amtlichen Regelung dürfte für den Nichtfachmann völlig undurchschaubar sein.

Die Regeln im Überblick

Zunächst alle Regeln der Groß- und Kleinschreibung im Zusammenhang. Die Kennummer verweist auf den betreffenden Textabschnitt, in dem die Regel erläutert ist. Die neuen Schreibweisen nach der Amtlichen Regelung (AR) sind jeweils zum Abschluß des betreffenden Regelteils angegeben.

25

> 1. Groß schreibt man das erste Wort eines Satzes oder einer Überschrift, eines Werktitels oder Titels von Veranstaltungen, Filmen, Rundfunk- und Fernsehsendungen etc., es sei denn,
> 1.1 das erste Wort beginnt mit einem Apostroph,
> 1.2 der Satz beginnt mit Auslassungspunkten,
> 1.3 der Satz beginnt mit abgekürztem *von* (*v.*) eines Familiennamens,
> 1.4 der Satz beginnt mit dem Zitat eines kleingeschriebenen Wortes.

Beispiele:
Er liest regelmäßig Die Zeit.
Der grüne Heinrich (Roman von G. Keller)

Aber:
'ne Flasche Bier stand auf dem Tisch.
... und machte sich davon.
v. Dürkheims Arbeit stellte alles in den Schatten.
„und" ist eine Konjunktion.

Nach einem Doppelpunkt schreibt man in der Regel dann groß, wenn ein vollständiger Satz folgt:
Dazu war folgendes[1] zu sagen: Erstens ging es ihn nichts an, und zweitens war er inkompetent.

Aber:
Angeboten wurden: spanische Tomaten; holländischer Käse, ...

26

> 2. Groß schreibt man
> 2.1 das Anredepronomen *Sie* und die entsprechende Possessivform *Ihr*, entsprechend die nur noch mundartlich gebräuchlichen Anredeformen *Ihr*, *Euch*, *Euer* usw.,

---

[1] Neuregelung (im folgenden als AR abgekürzt): *Folgendes*.

2.2 die Possessivpronomen der zweiten und dritten Person in Verbindung mit Titeln,
2.3 die Anredeformen der Personalpronomen und die entsprechenden Possessivpronomen, sofern sie in Briefen, Aufrufen, Erlassen, Inschriften, Widmungen o. ä. Texten verwendet werden.

Beispiele:
… ich habe Sie in meinem letzten Schreiben gebeten …
… und Seine Exzellenz, der Botschafter von …
… Kollegen, laßt Euch nicht irreführen …
Lieber Klaus,
leider muß ich Dir mitteilen, …

Neuregelung: Groß schreibt man nur das Anredepronomen *Sie*, das entsprechende Possessivpronomen *Ihr* und die zugehörigen flektierten Formen.

Beispiele:
Lieber Klaus,
leider muß ich dir mitteilen, daß …
… Kollegen, laßt euch nicht irreführen …

Also auch:
Ich habe meine Aktien verkauft. Die deinen …

Eigenname := Benennung oder Bezeichnung, die einem Objekt (Person, Lebewesen, Gegenstand, …) in einer „ursprünglichen Taufe" verliehen wird. Der Eigenname identifiziert den/die/das Getaufte innerhalb einer je bestimmten Menge von (gleichartigen) Objekten.   **33**

3.1 Einteilige Eigennamen und Titel werden großgeschrieben.   **39**

Beispiele:
Klaus, Andrea, Schmidt, …
Donau, Atlantik, Berlin, Österreich, …
Halla, Venus, Schwabenpfeil, …

3.2 In mehrteiligen Eigennamen und Titeln werden großgeschrieben: **40**
3.2.1 Adjektive, Partizipien, Pronomen und Ordinalzahlen, in Anfangsstellung auch Präpositionen und gelegentlich Artikel im Nominativ,
3.2.2 das Bezugswort der in 3.2.1 genannten Wörter.

Beispiele:

Friedrich der Große, Karl der Fünfte, …
Frankfurter Allgemeine Zeitung, Verein Deutscher Ingenieure, …
Zum Goldenen Ochsen, der Schiefe Turm (von Pisa), …
Institut für Angewandte Mathematik der RWTH Aachen, Zentrum für Plastische Chirurgie der Universität Köln, …
Man sah den Großen Wagen am Himmel leuchten. (Sternbild)
Sie trafen sich in der Gaststätte Zum Anker.

Aber:

Wolfram von Eschenbach, Rothenburg ob der Tauber, …

Anmerkung 1: die Schreibung fremdsprachiger Vor- und Familiennamen wird beibehalten. Bei Sprachen, die nicht das lateinische Alphabet benutzen, wird transkribiert:

*Georgios Papadopoulos, Mao Tse Tung (*heute: *Zedong*), …

Anmerkung 2 zur **Neuregelung:** Die AR bringt einige neue Schreibweisen wie
erste Hilfe, ohmsches Gesetz (Ohm'sches Gesetz), der letzte Wille, schwarzes Brett, das goldene Zeitalter –
alt: *Erste Hilfe, Ohmsches Gesetz, der Letzte Wille, Schwarzes Brett, das Goldene Zeitalter –*

die somit nicht als Eigennamen angesehen werden. Dies ist zumindest in den drei ersten Fällen eindeutig irrig, und auch die Ausdrücke *Schwarzes Brett* und *Goldenes Zeitalter* kann man mit gutem Grund als Eigennamen betrachten[2]. Auch nach der AR müßten daher diese Ausdrücke wie nach der alten Regelung geschrieben werden. Richtig sind dagegen die neue Schreibweisen

der Deutsche Schäferhund (alt: *der deutsche Schäferhund*)
die Dritte Welt (alt: *die dritte Welt*)
der Große Teich (alt: *der große Teich*) (= Atlantik)
der Kalte Krieg (alt: *der kalte Krieg*)

Auch hier handelt es sich eindeutig um Eigennamen.
Wir müssen hier noch eine – der Regelung der Großschreibung eigentlich systematisch widersprechende – Eigentümlichkeit der alten Duden-Regelung erwähnen, die die AR zum Teil übernommen hat:

---

[2] Es ist ja kein Widerspruch zu sagen: *Unser Schwarzes Brett ist nicht schwarz, sondern grün, und es ist auch kein Brett, sondern eine Wandtafel.* Die Einrichtung heißt eben so, ganz gleich, ob die betreffende Tafel nun schwarz, weiß oder x-farbig ist. Entsprechendes gilt für die *Schwarze Kunst*, den *Schwarzen Peter*, den *Schwarzen Tod* und das *Goldene Zeitalter.* Vgl. hierzu die Erläuterung des Begriffs des Eigennamens Nr. 31 ff.

> 3.3.1 Von Personennamen auf *-[i]sch* abgeleitete Adjektive werden großge-
> schrieben, wenn sie bei Wahrung des Sinns in ein mit dem betreffenden Na-
> men gebildetes Genitivattribut umgewandelt werden können.
> 3.3.2 Von geographischen Namen auf *-er* abgeleitete Adjektive werden stets
> großgeschrieben.

43

Beispiele:
  3.3.1: die Platonischen Dialoge (= die Dialoge Platons)
  die Lutherischen Kirchenlieder (= die Kirchenlieder Luthers)
  aber: die platonische Liebe, die lutherische Kirche (≠ die Liebe Platons bzw.
  die Kirche Luthers)
  3.3.2: Pfälzer Wurstsalat, Kölner Straßen, Nürnberger Einwohner, …[3]

Neuregelung: Die AR behält 3.3.2 bei, also gleichfalls *Pfälzer, Thüringer, Hamburger,* … als Adjektive, gibt 3.3.1 dagegen auf: Grundsätzlich werden danach
von Namen auf *-[i]sch* abgeleitete Adjektive kleingeschrieben, also:
  die platonischen Dialoge, die lutherischen Kirchenlieder usw.;

oder aber der Name wird durch Apostroph abgesetzt und großgeschrieben, also:
  die Platon'schen Dialoge, die Luther'schen Kirchenlieder usw.

> 3.4 **Empfehlung:** Von Eigennamen (Personen- oder georaphischen Namen)
> abgeleitete Adjektive sollten kleingeschrieben werden, wenn sie attributiv
> verwendet werden.[4]

23

Beispiele:
  die goetheschen Dramen, die platonischen Dialoge, die newtonsche Physik, …[5]

Aber:
  das Ohmsche Gesetz[6] (Eigenname)
  die kölner Kirchen, ein schweizer Grenzbeamter, die gute eifeler Landmilch, …[7]
Entsprechend auch
  der new-yorker Hafen, der bad-homburger Stadtpark, …

---

[3] In allen diesen Fällen handelt es sich wohlgemerkt nicht um Eigennamen.
[4] Diese Empfehlung weicht sowohl von der alten Duden-Regelung wie von der AR ab.
Vgl. zur Begründung Nr. 23 ff.
[5] Alte Duden-Regelung: *die Goetheschen Dramen, Platonischen Dialoge, Newtonsche
Physik*
[6] AR: *das ohmsche (Ohm'sche) Gesetz*. Vgl. Anmerkung 2 zu Regel 3.2.
[7] Alte Duden-Regelung und AR: *Kölner Kirchen, Schweizer Grenzbeamter, Eifeler Landmilch*

46 **Grundsatz 3:** Substantive werden in der Regel als Kennzeichnungen verwendet.

47 4.1 Substantive werden großgeschrieben, auch wenn sie ohne Artikel verwendet werden.

Anmerkung: Dies ist eine verkürzte Formulierung. Genauer müßte man von substantivisch verwendeten Substantiven sprechen. Vgl. die Erläuterung der Regel Nr. 45 ff.
Beispiele:

Jungen, Mädchen, Europäer, Säugetiere, Baum, Wasser, …
Staubsauger, Auto, Computer, …
Gerechtigkeit, Frieden, Begriff, Anweisung, …
Million, Hunderte von …, die Zehn, das Tausend …

Aber:

fleisch- und käseverarbeitend, kinderliebend, herzensgut, …
überhand nehmen, instand setzen, eislaufen[8], …
ein paar Mark, kein bißchen klüger, dank seiner Hilfe, …
Er ist schuld; ich habe recht; alles stand kopf[9]

48 4.2 Zahlwörter und Indefinitpronomen werden in der Regel kleingeschrieben, auch wenn sie mit einem Artikel verbunden werden.

Beispiele:

Die zwei vertrugen sich gut.
Es kamen manche nicht, obwohl alle eingeladen waren.
Der einzelne[10] war in der Menge kaum zu erkennen.
Der dritte[11], der über die Straße kam …
Ein jeder zu seiner Zeit …
Man sah niemanden auf der Straße.
Aber:
Ein Achtel Wein
Ein Vertrag zu Lasten Dritter

---

[8] AR: *Eis laufen*
[9] AR: *stand Kopf*
[10] AR: *Der Einzelne*
[11] AR: *Der Dritte, der …*

> 4.3 Als unbestimmte Zahlwörter verwendete Substantive werden kleinge-
> schrieben.

50

Beispiele:
ein bißchen, ein paar, …

Aber:
eine Menge Leute, eine Reihe von Kunden, …

> **Grundsatz 4:** Substantive können immer als Ergänzung (Subjekt, Objekte)
> oder als Angabe eines Satzes verwendet werden.

52

> 4.4 Als Adverbien oder Präpositionen verwendete Substantive werden klein-
> geschrieben.

55

Beispiele:
Ich komme anfangs des Monats.
Sie stand mitten im Saal.
Er überlebte dank der schnellen Hilfe.

> 4.5 Als Prädikatsadjektive ohne Andeutung des grammatischen Geschlechts
> verwendete Substantive werden kleingeschrieben.

56

Beispiele:
Mir ist angst.
Sie war an allem schuld.
Er hatte mit seiner Annahme recht.

Aber:
Sie hatte daran keine Schuld.
Er hatte kein Recht auf einen Anteil.
Er hatte Unrecht.

> 4.6 In festen Verbindungen von Substantiv und Verb wird das Substantiv in
> der Regel kleingeschrieben. Bei festen Verbindungen von Präpositionalaus-
> druck (Präposition + Substantiv) und Verb wird der Präpositionalausdruck in
> der Regel zusammen- und kleingeschrieben.

57

Beispiele:

eislaufen[12], hohnlachen, kopfrechnen
radfahren[13] (aber: er fährt gern Rad)
instand setzen, überhand nehmen, ingang kommen, zuwege bringen, zunutze
machen, zutage treten, beiseite stehen, …

59 | 4.7 Nichtsubstantive werden großgeschrieben, wenn sie
als Kennzeichnungen verwendet werden und
im Sinne des Grundsatzes 4 syntaktisch voll verwendbar sind.

Beispiele:

Das Ich ist ein wichtiger Begriff bei Freud.
Sie störten ihre Nachbarn mit lautem Singen.
Es gibt überall Gute und Böse.
Sie erörterten das Für und Wider.

Aber:

Sie verbrachten die Nacht mit singen und beten.
Man muß zwischen gut und böse zu unterscheiden wissen.
Auf biegen und brechen, mit hängen und würgen.[14]

Anmerkung 1: Diese Regel schließt nicht aus, daß als Kennzeichnungen verwendete Wörter auch dann großgeschrieben werden, wenn das grammatische Geschlecht bzw. eine Pluralform nicht markiert ist. Doch das ist der (nicht zu regelnde) Ausnahmefall. Er tritt meist dann ein, wenn es eine regelmäßig verwendete Parallelform gibt, bei der das grammatische Geschlecht bzw. der Plural markiert ist:

Da half kein Wenn und Aber.
… ohne Wenn und Aber …

Anmerkung 2: Die Regel 4.7 gilt nicht für Anführungen (Zitate):
Sein „danke" kam von Herzen.

Die Arbeit wurde mit „gut" bewertet.
Die Note „ausreichend"

Parallel dazu – da es lexikalische Normalformen wie *das Gut* etc. gibt:

In Deutsch hat er ein Gut erhalten.
Die Note Ausreichend …

Anmerkung 3: Für die Schreibung von Einzelbuchstaben lassen sich keine festen Regeln angeben. Es haben sich folgende Schreibweisen eingebürgert:

[12] AR: *Eis laufen*
[13] AR: *Rad fahren*
[14] Alte Duden-Regelung: *Auf Biegen und Brechen, mit Hängen und Würgen*

Das A ist der erste Buchstabe des Alphabets.
Jemandem ein X für ein U vormachen.
Das „a" in „abends" wird kleingeschrieben.
Wer A sagt, muß auch B sagen.
Blutgruppe A
A-Dur, Des-Dur; aber: *a-Moll, cis-Moll*

4.8 Adjektive und Partizipien werden niemals großgeschrieben, wenn sie als Attribute auf ein aus dem Kontext zu ergänzendes Substantiv bezogen werden können, auch wenn ihnen ein Artikel vorhergeht. **63**

Beispiele:
Viele Schüler waren da. Die älteren langweilten sich.
Mehrere Texte standen zur Debatte. Der wichtigste war …
Sie war die beste[15] von allen, die vorgespielt hatten.

4.9 Adjektive und Partizipien in unveränderlichen Wendungen oder festen Verbindungen mit Verben werden kleingeschrieben. **64**

Beispiele:
jung und alt, durch dick und dünn, im großen und ganzen[16], …

Anmerkung: Gelegentlich haben sich Substantive nur noch in festen Verbindungen erhalten. Hier ist Großschreibung dann zu empfehlen, wenn sie mit einem heute noch gebräuchlichen Substantiv kombiniert werden:
Mit Fug und Recht, auf Treu und Glauben, in Saus und Braus, …

Aber:
auf gedeih und verderb[17]

4.10 Metaphorisch (d. h. in übertragenem Sinn) oder adverbial verwendete Adjektive oder Partizipien werden kleingeschrieben. **65**

Beispiele:
Er kann am besten (= sehr gut) *Tennis spielen.*

---

[15] AR: *die Beste*
[16] AR: *Jung und Alt, im Großen und Ganzen* (aber: *durch dick und dünn*[!])
[17] Alte Duden-Regelung: *auf Gedeih und Verderb*

Das beste[18] ist, wir verschwinden. (= Es ist am besten, …)
Mit seiner Vermutung traf er ins schwarze[19].

Entsprechendes gilt natürlich für alle Superlativformen wie
am besten, am kleinsten, am höchsten usw.

66

> 4.11 Wie Pronomen oder Zahlwörter verwendete Adjektive oder Partizipien werden kleingeschrieben.

Beispiele:
jeder beliebige, alles mögliche (= so manches), *im folgenden, im allgemeinen, …*[20]

68

> 4.12 Das erste Wort einer substantivierten Durchkoppelung wird großgeschrieben.

Beispiele:
das In-den-Tag-hinein-leben
das andauernde In-Anspruch-nehmen[21]

69

> 4.13 Bei fremdsprachigen substantivischen oder substantivierten Wortgruppen wird in der Regel das erste Wort großgeschrieben.

Beispiele:
Angina pectoris, Make-up, Advocatus diaboli, Afro-look, …

70 Die **Neuregelung** der Substantivschreibung nach der AR:

> 1. Substantive schreibt man groß.
> 2. Substantive, die nicht substantivisch verwendet werden, schreibt man klein.

---

[18] AR: *Das Beste*
[19] Alte Duden-Regelung und AR: *ins Schwarze*
[20] AR: *jeder Beliebige, alles Mögliche, im Folgenden, im Allgemeinen* usw.
[21] Alte Duden-Regelung und AR: *das In-den-Tag-hinein-Leben, das In-Anspruch-Nehmen*

3. Nichtsubstantive, die wie Substantive verwendet werden, schreibt man groß. Substantivische Verwendung eines Wortes liegt dann vor, wenn mindestens eines der folgenden drei Merkmale erfüllt ist:

3.1 dem Wort geht ein Artikel voraus;

3.2 das Wort ist mit einem vorausgehenden oder nachgestellten Attribut verbunden;

3.3 das Wort ist als Satzglied oder Attribut kasusmarkiert.

4. In bestimmten Fällen werden Nichtsubstantive kleingeschrieben, auch wenn sie eine der Bedingungen (3.1), (3.2) oder (3.3) erfüllen.

Liste der Groß- und Kleinschreibungen nach der Amtlichen Regelung

Nach der Amtlichen Regelung – die wir hier nicht kommentieren – ergeben sich aus diesen Regeln folgende neue Schreibweisen:[22]

alt	neu
Abend	
gestern abend	gestern Abend
aberhundert	aberhundert/Aberhundert
Acht	
sich in acht nehmen	sich in Acht nehmen
außer acht lassen	außer Acht lassen
acht	
der achte, der …	der Achte, der …
achtzig	
mit Achtzig	mit achtzig
ähnliches	Ähnliches
und ähnliches (*Abk.*: u. ä.)	und Ähnliches (*Abk.*: u. Ä.)

[22] Wir müssen hier so verfahren, denn diese Neuregelung ist in sich hoffnungslos widersprüchlich. Die Punkte (1) und (2) unterscheiden sich nicht von der alten Regelung. Die Frage ist hier, was man unter einem Substantiv bzw. unter Desubstantivierung versteht. Die AR legt diese Begriffe in einigen Fällen anders aus als bisher üblich. Das mag noch angehen, soweit diese Auslegungen nicht anderen Regelungen widersprechen. Problematisch sind dagegen (3) und (4): Was in (3) als hinreichende Bedingung für substantivischen Gebrauch und damit Großschreibung definiert wird, wird in (4) als *nicht* hinreichende Bedingung definiert – ein durch keine Interpretation zu heilender, weil logischer Widerspruch. Also kann man sich hier nur mit einer Wortliste behelfen, die man auswendig lernen muß.

allerbeste
  … das allerbeste, wenn …   … das Allerbeste, wenn …
allgemein
  im allgemeinen   im Allgemeinen
alt
  ganz der alte sein   ganz der Alte sein
  … bleibt beim alten …   … bleibt beim Alten …
  alt und jung   Alt und Jung
amen
  ja und amen sagen   Ja und Amen sagen
anderes
  etwas anderes   etwas anderes, etwas ganz Anderes
Angst
  … macht mir angst und bange … Angst und Bange
  mir ist angst und bange   mir ist angst und bange
arg
  im argen liegen   im Argen liegen
arm und reich   Arm und Reich
äußerst
  auf das, aufs äußerste   auf das, aufs Äußerste/äußerste

bange
  mir ist bange, man macht mir mir ist bange, man macht mir Bange
  bange
bankrott gehen   Bankrott gehen
bedeutend
  um ein bedeutendes größer   um ein Bedeutendes größer
beliebig
  jeder beliebige   jeder Beliebige
besonders
  im besonderen   im Besonderen
beste
  … es ist das Beste, was wir haben … das Beste …
  … es ist das beste, wir gehen … … das Beste …
  der erste beste   der erste Beste
  zum besten geben, haben   zum Besten geben, haben
  aufs beste   aufs beste/Beste
beträchtlich
  um ein beträchtliches größer   um ein Beträchtliches …
Betreff
  in betreff   in Betreff

Bezug	
in bezug auf	
mit Bezug auf	in, mit Bezug auf
bisherig	
im bisherigen	im Bisherigen
bravo rufen	Bravo rufen
breit	
des langen und breiten	des Langen und Breiten
dein	
mein und dein verwechseln	Mein und Dein …
deutsch	
in deutsch/in Deutsch	in Deutsch
auf deutsch	auf Deutsch
Diät	
diät leben/Diät halten	Diät leben/halten
dritte	
der dritte, der …	der Dritte …
du	
auf du und du	auf Du und Du
dunkel	
im dunkeln tappen (= sich unge-	im Dunkeln tappen
wiß sein)	
Dutzend	
Dutzende von Leuten	dutzende/Dutzende …
eigen	
sein eigen nennen	sein Eigen nennen
einfach	
es ist das einfachste, wenn …	es ist das Einfachste …
aufs einfachste	aufs einfachste/Einfachste
eingehend	
aufs eingehendste	aufs eingehendste/Eingehendste
einzeln	
der einzelne	der Einzelne
als einzelner	als Einzelner
einzig	
… das einzige, was …	das Einzige …
als einziges	als Einziges
entfernt	
nicht im entferntesten	nicht im Entferntesten

entweder	
das Entweder-Oder	das Entweder-oder
erste	
der erste, der …	der Erste, der …
fürs erste	fürs Erste
erstere	
das erstere	das Erstere
ersteres	Ersteres
Feind	
feind sein, bleiben, werden	Feind sein, bleiben, werden
finster	
im finstern tappen (= im Ungewis-sen sein)	im Finstern tappen
folgend	
im folgenden	im Folgenden
das folgende (= der Reihe nach)	das Folgende
folgendes	Folgendes
Frage	
in Frage	infrage/in Frage
ganz	
im ganzen	im Ganzen
im großen ganzen	im großen Ganzen
im großen und ganzen	im Großen und Ganzen
gegeben	
es ist das gegebene (= ange-bracht)	… das Gegebene
genau	
des genaueren	des Genaueren
aufs genaueste	aufs genaueste/Genaueste
gering	
das geht dich nicht das geringste an	… das Geringste …
nicht im geringsten	… im Geringsten
gesamt	
im gesamten	im Gesamten
gleich	
das gleiche	das Gleiche
das läuft auf das gleiche hinaus	… das Gleiche …
gleich und gleich …	Gleich und Gleich

grob	
aufs gröbste	aufs gröbste/Gröbste
groß	
etwas im großen betreiben	… im Großen
groß und klein	Groß und Klein
gut	
etwas im guten sagen	… im Guten
im guten wie im bösen	im Guten wie im Bösen
jenseits von Gut und Böse	… von gut und böse
guten Tag sagen	guten/Guten Tag sagen
Halt	
Halt rufen	halt/Halt rufen
Haus	
haushalten	Haus halten
herzlich	
aufs herzlichste	aufs herzlichste/Herzlichste
hoch	
hoch und nieder/niedrig	Hoch und Nieder/Niedrig
Hof	
hofhalten	Hof halten
hundert	
hunderte Menschen	hunderte/Hunderte Menschen
der hundertste, der …	der Hundertste …
Hunger	
Hungers sterben	hungers sterben
hurra	
hurra schreien	hurra/Hurra schreien
ja	
ja sagen	ja/Ja sagen
jung	
jung und alt	Jung und Alt
klar	
sich im klaren sein	…im Klaren sein
klasse	
das ist klasse	… ist klasse/Klasse
klein	
im kleinen wirken	im Kleinen …
groß und klein	Groß und Klein
um ein kleines	um ein Kleines

kurz	
den kürzeren ziehen	den Kürzeren …
lang	
des langen und breiten	des Langen und Breiten
des längeren	des Längeren
Last	
zu Lasten	zu lasten/Lasten
laufen	
auf dem laufenden sein	auf dem Laufenden …
leicht	
es ist ein leichtes, zu …	… ein Leichtes …
leid	
leid tun	Leid tun
letzte	
der letzte, der …	der Letzte …
bis zum letzten	…zum Letzten
letzterer	Letzterer
mal	
ein paar dutzend mal	ein paar dutzend Mal
mein	
mein und dein	Mein und Dein
menschenmöglich	
alles menschenmögliche tun	alles Menschenmögliche …
mindest	
das mindeste ist, …	das Mindeste …
nicht im mindesten	… im Mindesten
Mittag	
heute mittag	heute Mittag
möglich	
alles mögliche (=allerlei) tun	alles Mögliche …
sein möglichstes tun	sein Möglichstes …
nachfolgend	
im nachfolgenden	im Nachfolgenden
nachhinein	
im nachhinein	im Nachhinein
nächst	
der nächste, der …	der Nächste …
als nächstes	als Nächstes

nämlich
   das nämliche gilt …   das Nämliche …
nebenstehend
   im nebenstehenden   im Nebenstehenden
neu
   aufs neue   aufs neue/Neue
nieder
   hoch und nieder   Hoch und Nieder
Not
   das tut not   …tut Not

oben
   im obenstehenden   im oben Stehenden/
                          Obenstehenden
oft
   des öfteren   des Öfteren

Rad
   radfahren   Rad fahren
Recht
   recht haben, bekommen, tun, …   Recht haben, …
   Rechtens sein   rechtens sein
reich
   arm und reich   Arm und Reich
rein
   ins reine kommen   ins Reine …
   im reinen sein   im Reinen …
richtig
   das einzig richtige tun   … Richtige tun
   es ist das richtigste, wenn …   … das Richtigste
roh
   …ist im rohen fertig   … im Rohen
   aus dem rohen arbeiten   aus dem Rohen …

schlimm
   aufs schlimmste   aufs schlimmste/Schlimmste
schrecklich
   aufs schrecklichste   aufs schrecklichste/Schrecklichste
Schuld
   schuld sein, geben, haben   Schuld geben, haben
                          aber: schuld sein

schwarz	
aus schwarz weiß machen	aus Schwarz Weiß …
Seite	
auf seiten	aufseiten/auf Seiten
von seiten	vonseiten/von Seiten
sicher	
auf Nummer Sicher gehen	auf Nummer sicher/Sicher …
das sicherste ist, wenn …	das Sicherste …
im sichern sein	im Sichern sein
solch	
ein solches ist …	ein solches/Solches …
Sonderheit	
insonderheit	in Sonderheit
sonstig	
das sonstige	das Sonstige
sowohl	
das Sowohl-Als-auch	das Sowohl-als-auch
Stand	
außerstande sein	außerstande/außer Stande sein
statt	
an Eides Statt	an Eides statt
an Kindes Statt	an Kindes statt
tabula rasa machen	Tabula rasa …
trocken	
auf dem trockenen sitzen	auf dem Trockenen …
ins trockene bringen	ins Trockene …
übrig	
die übrigen	die Übrigen
alles übrige	alles Übrige
im übrigen (*Abk.:* i. ü.)	im Übrigen (*Abk.:* i. Ü.)
umstehend	
im umstehenden	im Umstehenden
unbekannt	
Anzeige gegen Unbekannt	… unbekannt
ungeheuer	
ins ungeheure steigen	ins Ungeheure …
ungewiß	
im ungewissen sein	im Ungewissen …
ungezählt	
… es kamen ungezählte	… Ungezählte

unklar	
im unklaren sein	im Unklaren …
Unrecht	
unrecht bekommen, haben	Unrecht …
unzählig	
… es kamen unzählige	… Unzählige
verborgen	
im verborgenen	im Verborgenen
vereinzelt	
… es kamen vereinzelte	… Vereinzelte
verschieden	
… es kamen verschiedene	… Verschiedene
… wir haben verschiedenes getan	… Verschiedenes
viertel	
um Viertel acht	um viertel acht (*aber:* Viertel vor acht)
voll	
aus dem vollen schöpfen	aus dem Vollen …
vorangehen	
im vorangehenden	im Vorangehenden
voraus	
im, zum voraus	im, zum Voraus
vorhergehend	
im vorhergehenden	im Vorhergehenden
vorhinein	
im vorhinein	im Vorhinein
weiß	
aus schwarz weiß machen	aus Schwarz Weiß …
weit	
des, im weiteren	des, im Weiteren
wesentlich	
im wesentlichen	im Wesentlichen
Wiedersehen	
auf Wiedersehen sagen	auf/Auf Wiedersehen …
Wunder	
… er hat wunder was getan …	… Wunder was …
x-beinig	x-beinig/X-beinig

Grammatische Grundbegriffe

1 Die Erklärung der Regelung der Groß- Und Kleinschreibung muß – leider – an vielen Stellen von grammatischen Begriffen Gebrauch machen, denn im Deutschen ist diese Regelung durchgängig grammatisch bestimmt. Daher seien vorab die wichtigsten Begriffe erläutert, von denen in diesem Buch Gebrauch gemacht wird:

> Satz := Folge von Wörtern, die zum Ausdruck einer selbständigen sinnvollen Äußerung verwendet wird. Die meisten Sätze in diesem Sinn haben ein finites Verb als Prädikat oder Kern des Prädikats (vgl. Nr. 2).

Beispiele	**Äußerungstyp**
Komm mit! *Gehen Sie sofort nach Hause!*	Bitte, Befehl
Wo geht es zum Bahnhof? *Werden Sie auch Hamburg besuchen?*	Frage
Köln ist eine schöne Stadt. *Er nahm, was er bekommen konnte.*	Aussage/Behauptung
Morgen komme ich dich besuchen. *Ich zahle das Geld nächste Woche zurück.*	Versprechen

Sätze verwenden wir also als Frage, Behauptung, Versprechen usw. Dazu müssen die Wörter, aus denen sie gebildet werden, in bestimmter Weise angeordnet und verwendet werden. Z. B. werden in den Sätzen *Du kommst* und *Kommst Du?* die Wörter *du* und *kommst* in verschiedener Weise verwendet, und es handelt sich um Wörter verschiedener Art. Die Grammatik besteht also aus zwei Hauptteilen: (1) der Beschreibung der Verwendung der Wörter im Satz, der sogenannten *Syntax* (Satzbildungslehre), und (2) der Beschreibung der *Wortarten*. Wir beginnen mit den wichtigsten Begriffen der Syntax.

Syntax

Sätze bestehen normalerweise mindestens aus einem *Satzkern*. Oft treten zu diesem *Angaben* hinzu, die dessen Sinn genauer bestimmten. Der Satzkern besteht aus einem *Prädikatteil* und *Ergänzungen*. Der Prädikatteil schließlich besteht entweder aus einem einfachen *finiten Verb*:

   gab, liest, schrieben, ...

oder einem Verknüpfungsverb:

hat gegeben, ist gesehen worden, wird angekommen sein, …

oder einem Ergänzungsprädikat (eine Form von *sein* + Adjektiv oder Substantiv):

ist schön, ist gut, ist (schwer) lesbar, …

ist meine beste Freundin, ist ein Haus, ist ein (schöner) Stein, …

Ergänzungen sind Wörter oder Wortgruppen, die zum Prädikatsteil hinzutreten 3
müssen, damit ein Satz entsteht, der als selbständige sinnvolle Einheit verwendbar ist. Sie sind in der Regel Pronomen oder Substantive oder Wortgruppen, die
an ihre Stelle treten können. Der Einfachheit halber werden sie einfach durchnu-
meriert (die jeweilige Ergänzung ist in den Beispielen unterstrichen):

Ergänzung 1: Pronomen oder Substantiv im Nominativ[23] oder dafür einsetzbarer
Ausdruck (= das Subjekt):

Der Weihnachtsbraten war köstlich.

Sie anzuschauen war eine Lust.

Wer die Sprache nicht beherrscht, sollte kein öffentliches Amt bekleiden.

Ergänzung 2: Pronomen oder Substantiv im Akkusativ oder dafür einsetzbarer
Ausdruck (= das Akkusativ-Objekt):

Er lenkte den Wagen.

Sie nahm ihn in die Arme.

Er sagte, was ihm nicht gefiel.

Ergänzung 3: Pronomen oder Substantiv im Dativ oder dafür einsetzbarer Ausdruck (= das Dativ-Objekt):

Er schenkte ihr Blumen.

Sie glaubte seinen Worten.

Sie mißtraute allem, was gesagt wurde.

Ergänzung 4: Pronomen oder Substantiv im Genitiv oder dafür einsetzbarer
Ausdruck (= das Genitiv-Objekt):

Wir gedenken heute unseres verstorbenen Mitbruders.

Er bemächtigte sich ihrer gesamten Habe.

Man gedachte der Toten.

---

[23] Die Fälle (Kasus): 1. Fall (Nominativ): *der* Sinn; 2. Fall (Genitiv): *des* Sinnes; 3. Fall (Dativ): *dem* Sinn(e); 4. Fall (Akkusativ): *den* Sinn. In der modernen Grammatik numeriert man
in der Regel die Fälle nach ihrer Häufigkeit durch: 1. Nominativ, 2. Akkusativ, 3. Dativ, 4.
Genitiv.

Ergänzung 5: Pronomen oder Substantiv mit Präposition oder dafür einsetzbarer Ausdruck (= Präpositionalobjekt):

Er wohnt <u>in Köln</u>.
Sie dachte <u>an ihre Kinder</u>.
Man schüttelte den Kopf <u>über das, was er sagte</u>.

Ergänzung 6: Pronomen oder Substantiv, das im Kasus (Fall) mit einer anderen Ergänzung übereinstimmt, oder dafür einsetzbarer Ausdruck:

Er galt <u>als großer Scharlatan</u>.
Sie nannte ihn <u>einen Halunken</u>.
Er war für sie <u>wie ein Bruder</u>.

4   **Angaben** bestimmen den Sinn des Satzkerns genauer. Oft enthalten sie die wichtigste Information der gesamten Äußerung. Z. B. könnte man das letzte Beispiel durch *seit frühester Kindheit* genauer bestimmen:

Er war für sie seit frühester Kindheit wie ein Bruder.

Oder das vorletzte Beispiel durch *in ihrer Wut*:

Sie nannte ihn in ihrer Wut einen Halunken.

Insbesondere die *adverbialen Bestimmungen* der traditionellen Grammatik sind zu den Angaben zu rechnen.

Sie lief <u>schnell</u>.
Er kam, <u>so oft er konnte</u>.
Sie spielten <u>den ganzen Morgen</u>.
Die Sonne brannte <u>vom Himmel herab</u>.

5   **Attribute** sind Beifügungen, die den Sinn des Wortes, dem sie attribuiert sind – in der Regel ist das ein Substantiv –, genauer bestimmen. Man unterscheidet Links- und Rechtsattribute:

Er hielt eine <u>langatmige</u> Rede.
Sie trug ein <u>aufregendes</u> Kleid.
Der Großvater, <u>der schon lange erkrankt war</u>, wollte zum Ärger seiner <u>habsüchtigen</u> Erben nicht sterben.

6   Wortarten

Regeln der Groß- und Kleinschreibung nehmen häufig auf Wortarten Bezug, z. B. die Regel, daß Substantive großzuschreiben seien, im Gegensatz zu Verben, Adjektiven, Pronomen usw.

Um sie zu erläutern, müssen wir zunächst einen Hilfsbegriff definieren:

> Lexikalische Normalform := diejenige Form, in der ein Wort in einem Wörterbuch aufgeführt wird bzw. aufgeführt würde.

Der Sinn dieser Definition liegt darin, bei den folgenden Definitionen von Wortarten davon absehen zu können, daß Wörter ihre Wortart wechseln können. Z. B. kann jedes Verb dadurch in ein Substantiv „verwandelt" werden, daß seine Infinitivform mit einem Artikel verbunden wird:

Er hielt, um zu tanken.
Er legte einen Stop zum Tanken ein.

Wir definieren Wortarten also immer nur bezüglich ihrer lexikalischen Normalform, unterstellen damit für jedes Wort also eine Normalverwendung. Dies muß vorausgesetzt werden. Andernfalls wäre der für die Regelung der Substantivschreibung wichtige Begriff des Wortartenwechsels nicht zu definieren.

Damit kann der Begriff der Wortart nunmehr definiert werden:

> Wortart := Menge lexikalischer Normalformen von Wörtern, die aufgrund eines oder mehrerer gemeinsamer (formaler) Merkmale ihrer Verwendung im Satz zu einer Klasse zusammengefaßt werden.

Zunächst unterscheiden wir die *flektierbaren* von den *nicht flektierbaren* Wortarten: Flektierbar sind alle Wörter, die je nach ihrer Verwendung im Satz verschiedene Formen annehmen können. Die Flexion (Beugung) der *Verben* nennt man Konjugation. Die verschiedenen Formen eines Verbs werden nach den Kriterien *Person*, *Tempus* (Zeit) und *Modus* (Aussageweise) unterschieden, z. B.:

Person: ich gebe, du gibst, er/sie/es gibt, wir geben, …
Tempus: ich gebe, ich gab; …[24]
Modus: er gibt, er gebe[25]*, er gab, er gäbe*[25]*, gib*[26]*, gebt*[26]*, …*

> Verb := Klasse aller Wörter, die konjugiert werden können.

Wichtig für die Groß- und Kleinschreibung sind insbesondere die sogenannten *infiniten Formen* des Verbs:

der **Infinitiv**: *geben, sehen, laufen, sein, werden, …*
das **Partizip I**: *gebend, sehend, laufend, seiend, werdend, …* und
das **Partizip II**: *gegeben, gesehen, gelaufen, gewesen, geworden, …*

---

[24] Im Deutschen unterscheidet man formal zwei Zeitformen: Präsens (Gegenwart) und Präteritum (Vergangenheit).
[25] Konjunktiv (Möglichkeitsform)
[26] Imperativ (Befehlsform)

10 Die zweite Art der Flexion ist die **Deklination**, d. h. die Unterscheidung verschiedener Formen eines Pronomens, Substantivs, Artikels oder Adjektivs nach den Kriterien *Singular* (Einzahl) und *Plural* (Mehrzahl) und nach den vier *Fällen* (Kasus). In den folgenden Beispielen ist das betreffende Wort bzw. die betreffende Wortgruppe jeweils unterstrichen:

Nominativ (antwortet auf die Frage *wer oder was?*):
Diese Burschen sind Halunken. Eine hübsche Frau kam ihm entgegen.
Das hat mir gefallen. Er kann gut spielen.

Genitiv (*wessen?*):
die Tochter des Bürgermeisters; ein Blackout Helmut Kohls,
die Bemühungen der Supermächte; …

Dativ (*wem?*):
Sie schenkte ihm ein Buch. Wir danken allen Spendern. Dem Tüchtigen gehört
die Welt.

Akkusativ (*wen oder was?*):
Wir sahen ihn ankommen. Er nahm einen großen Schluck. Den Anblick hätte
man sich sparen können.

---

11 Bestimmter Artikel := Element der folgenden Wortmenge:
der, des, dem, den, die, das
Unbestimmter Artikel := Element der folgenden Wortmenge:
ein, eine, eines, einem, einen, einer

---

12 Substantiv := Menge aller Wörter, die ein bestimmtes grammatisches Geschlecht haben (d. h. entweder mit dem Artikel *der* oder mit dem Artikel *die* oder mit dem Artikel *das* verbunden werden[27]) und die deklinierbar sind.

Beispiele:
Mann, Frau, Kind; Bruder, Schwester, …
Auto, Nähmaschine, Donaudampfschiffahrtsgesellschaft, …
Wasser, Erde, Luft, …
Geist, Leben, Furcht, Gesundheit, Demokratie, Industrie, Wissenschaft, …

---

[27] Nur ganz wenige Substantive im Deutschen können mit mehreren Artikeln verbunden werden, z. B. *der/das Joghurt*. Bei *der/das Meter* bzw. *Teil* ist dagegen der Wechsel des grammatischen Geschlechts mit einem Bedeutungswechsel verbunden.

Anmerkung: Das Deutsche kennt keine Pluralformen des unbestimmten Artikels:
Männer, Frauen und Kinder vergnügten sich, die Kinder vor allem am Karussell.

Ähnlich werden nur im Singular gebräuchliche Mengenbezeichnungen wie *Wasser, Milch, Öl* usw. in der Regel entweder mit dem bestimmten oder ohne Artikel verwendet:
Das Wasser war sauber. Wasser ist lebensnotwendig.
Aber: Bitte bringen Sie mir ein Wasser[28].

Adjektiv := Menge aller Wörter, die dekliniert und gesteigert werden können.[29]	**13**

Beispiele:
schön, gut, groß, klein, laut, leise, lebendig, verschwiegen[30], …
Er rannte <u>schneller</u> als sein Freund. Sie ist die <u>beste</u> Schülerin in der Klasse. Es wäre <u>am besten</u>, wir gingen jetzt nach Hause.

Die restlichen Wortarten, die wir zur Erläuterung der Groß- und Kleinschreibung benötigen, definieren wir der Kürze halber durch Beispiele:

Pronomen (Fürwörter):	**14**

ich, du, er/sie/es, …   (= Personalpronomen)
dieser/diese/dieses, jener, …   (= Demonstrativpronomen)
mein/meine/meines, dein, …   (= Possessivpronomen)
der/die/das, welcher, …   (=Relativpronomen)
mancher/manche/manches, jeder, einer,
etwas, jemand, man, einige, alle[31]   (= Indefinitpronomen)

Adverbien:	**15**

jetzt, bald, später, heute, seither, stets, oft, …
hier, dort, darin, fortan, …
genug, sehr, besonders, beinahe, vielmals, …

---

[28] Hier hat das Wort *Wasser* eine andere Bedeutung: eine Flasche [Mineral]wasser.
[29] Steigerung (Komparation) nennt man die Bildung von Adjektivformen, mithilfe derer man Vergleiche formuliert: *groß, größer, am größten; gut, besser, am besten* usw.
[30] *verschwiegen* ist formal Partizip II von *verschweigen*, wird jedoch regelmäßig als Adjektiv verwendet.
[31] *Jeder, alle, einige* usw. werden oft auch als unbestimmte Zahlwörter bezeichnet.

Präpositionen:

in, an, auf, nach, vor, wegen, aufgrund, mit, ohne, …

Konjunktionen:

denn, aber, daß, weil, nachdem, sodaß[32], …

Interjektionen:

ach, oh, o weh, ei, …

---

[32] Die alte Duden-Schreibweise *so daß* war falsch: *sodaß* ist ein Wort (wie *sodann*, *sobald* usw.) und war bzw. ist deswegen zusammenzuschreiben.

Grundsätze und Regeln
der Groß- und Kleinschreibung

Klein- und Großbuchstaben

19
Die Groß- und Kleinschreibung ist – nach der Buchstabenfolge und der Getrennt- und Zusammenschreibung – das dritte sogenannte orthographische „Register", das den Gebrauch der Alphabetschrift bestimmt. Die beiden ersten legen fest, was ein Wort ist: das, was im Text als eine Folge bestimmter Buchstaben durch Buchstabenlücken (im Druck Leerschritte) vom vorhergehenden und nachfolgenden Wort abgetrennt ist.

Was man kurz „Groß- und Kleinschreibung" nennt, betrifft die Frage, ob der erste Buchstabe eines Wortes als Großbuchstabe (Majuskel) oder als Kleinbuchstabe (Minuskel)[33] geschrieben wird. Das hat historische Gründe:

In der Antike kannte man noch keine Unterscheidung von Klein- und Großbuchstaben. Man verwendete einen einzigen Buchstabentyp, der in seiner Form dem heutigen Großbuchstaben entsprach. Der Unterschied von Majuskel und Minuskel entwickelte sich, als für den Alltagsgebrauch Kursivschriften ausgebildet wurden und man begann, die Buchstaben nach ihrer Größe zu variieren. Etwa ab dem 7. Jh. n. Chr. ist der typographische Unterschied von Groß- und Kleinbuchstaben, d. h. von Majuskel und von Minuskel endgültig ausgeprägt. Damit standen nun zwei Buchstabenregister für die Schreibung von Texten zur Verfügung. Normalerweise wurden die Wörter jedoch ausschließlich in Minuskeln, d. h. kleingeschrieben. Die Majuskeln waren damit „eigentlich" überflüssig geworden. Also begann man, sie für besondere Zwecke zu nutzen, nämlich den Anfang bestimmter Wörter[34] typographisch zu markieren:

  – den ersten Buchstaben des ersten Wortes eines Abschnitts oder eines Satzes,
  – den ersten Buchstaben einer Anrede oder eines Eigennamens,
  – schließlich (im Deutschen) den ersten Buchstaben von Substantiven.

20
Aus dieser Entwicklung läßt sich der folgende **Grundsatz 1** ableiten:

> **Grundsatz 1:** (1) Grundsätzlich werden Wörter durch Minuskeln dargestellt. (2) An bestimmten Positionen des Textes wird der erste Buchstabe eines Wortes als Majuskel geschrieben.

---

[33] Majuskel von lat. *maius* (= größer), Minuskel von lat. *minus* (= kleiner).
[34] Nur der Name Gottes wurde in der Regel ganz oder teilweise in Majuskeln geschrieben: *DEUS* bzw. *DEus*.

Die Kleinschreibung ist der Normalfall, die Großschreibung eines Wortes der markierte und damit zu regelnde Sonderfall. Dieser Grundsatz ist von großer Bedeutung. Es folgt aus ihm, daß die Wahl eines Großbuchstaben, d. h. die Abweichung vom Normalfall, von der Verwendung des betreffenden Wortes im Textzusammenhang abhängt, und zwar ausschließlich von dieser.

Beispiele:
Er glaubte, nicht mehr lange zu leben; es schien, er müsse sterben.
Es war zum Leben zu wenig, zum Sterben zu viel.

Ich habe Angst.
Mir ist angst.

Der Abend war schön.
Morgen abend[35] *fahre ich weg.*

Man konnte im Dunkeln kaum die Hand vor Augen sehen.
Er ließ sie über seine Absichten im dunkeln[36].

Alle Großschreibungen von Wörtern müssen daher nach dem Grundsatz 1 auf eine Regel der folgenden Form zurückgeführt werden:

> Wenn das Wort x im Text als .... verwendet wird, dann wird x großgeschrieben.

Läßt sich eine solche Regel nicht formulieren, dann wird grundsätzlich kleingeschrieben. Zur Erläuterung drei Beispiele:
a   *Der Sportunterricht findet nachmittags statt.*
b   *In der Hitze des Mittags war alles eingeschlafen.*
c   *Er kam mittags nie nach Hause.*

Der Ausdruck *MITTAGS* wird hier auf drei verschiedene Weisen verwendet:
In (a) ist er nachgestellter Teil des Wortes *nachmittags*, deshalb scheidet die Großschreibung von vornherein aus. Anders dagegen in (b) und (c). In beiden Fällen wird *MITTAGS* als selbständiges Wort verwendet, aber eben unterschiedlich: In (b) muß es mit einem Artikel verbunden werden, wie der Vergleich mit
b'   **In der Hitze Mittags*

zeigt, und *des Mittags* ist Attribut (genauere Bestimmung) zu *In der Hitze*. Der vorausgehende Artikel ordnet *Mittags* in eine Klasse zusammengehörender For-

---

[35] AR: *Morgen Abend* (im Widerspruch zu den betreffenden Regeln – §§ 56 und 57 – der AR).
[36] AR: *im Dunkeln.*

men ein (*der Mittag, …, dem Mittag, den Mittag, …*) und deshalb deuten wir *Mittags* hier als Element der Wortklasse Substantiv. In (c) dagegen fehlt ein Artikel, *mittags* wird vielmehr in einer selbständigen syntaktischen Position verwandt, wie der Vergleich mit

   c'   *Er kam nie nach Hause*

zeigt, und wir würden es hier eher einer Klasse von Ausdrücken wie
abends, morgens, früh, spät, am folgenden Tag, …
zuordnen. *mittags* wird in (c), traditionell gesprochen, als adverbiale Bestimmung verwendet und deshalb der Wortart Adverb zugerechnet. *mittags* ist also ein eigenes Wort, das im Sprachsystem des Deutschen neben der Genitivform *des Mittags* existiert.

Es wäre falsch zu sagen, *Mittags* sei in (b) ein Substantiv und werde deshalb mit dem Artikel verbunden. Es verhält sich vielmehr umgekehrt. Weil hier *Mittags* mit dem Artikel verbunden wird, deuten wir den Ausdruck als Substantiv (und schreiben ihn daher hier groß). Seine Charakterisierung als Substantiv ist die Folgerung aus seiner Verwendung im Satz.

Dieser Unterschied ist wichtig. Offenbar ist – wie dieses Beispiel zeigt – für die Formulierung von Regeln der Groß- und Kleinschreibung nicht die Wortart entscheidend, sondern die Weise, wie das betreffende Wort im Satz, d. h. syntaktisch, verwendet wird.

Wann schreibt man groß?   **21**

Der Grundsatz 1 besagte, daß Wörter überhaupt nur dann großgeschrieben werden, wenn man sie in bestimmter Weise verwendet, d. h. wenn bestimmte Bedingungen erfüllt sind. Diese wurden oben schon kurz benannt. Wir fassen sie zunächst in einem **Grundsatz 2** zusammen. Es sind

---

Grundsatz 2:
2.1 die Verwendung des betreffenden Wortes als Satzanfang oder Anfang einer Überschrift, eines Titels von Büchern, Gedichten, Veranstaltungen o. ä.;
2.2 die Verwendung des betreffenden Wortes als Anredepronomen;
2.3 die Verwendung des betreffenden Wortes als Eigenname oder Titel oder als Teil eines solchen;
2.4 die Verwendung des betreffenden Wortes als Substantiv.[37]

---

[37] Dies ist wohlgemerkt nicht die Formulierung eines lexikalischen Prinzips, nach dem alle Elemente der Wortart Substantiv großzuschreiben wären. Es kommt vielmehr darauf an, daß das betreffende Wort als bzw. wie ein Substantiv verwendet wird. Dies ist eigens zu klären. Vgl. dazu unten Nr. 45 ff.

22 Wegen des Grundsatzes 1 sind 2.1 bis 2.4 nicht nur hinreichende, sondern zugleich auch notwendige Bedingungen für die Großschreibung eines Wortes[38], denn dieser besagt ja, daß ein Wort nur dann großgeschrieben wird, wenn es im Text in bestimmter Weise verwendet wird. Läßt sich eine solche nicht angeben, wird stets kleingeschrieben. Damit gibt der Grundsatz 2 zugleich eine Übersicht derjenigen Fälle an die Hand, in denen eine Großschreibung nicht in Frage kommt.

Dazu zählen auch alle von Personennamen oder geographischen Namen abgeleiteten Adjektive, sofern sie als Attribute eines folgenden Bezugswortes (Substantivs oder Eigennamens) verwendet werden. Daher geben wir – abweichend von der alten Duden-Regelung wie von der AR[39] – die folgende

23
> **Empfehlung**: Alle von Eigennamen abgeleiteten Adjektive sollte man kleinschreiben, sofern sie attributiv und nicht als Teil eines Eigennamens verwendet werden.

Also:

goethesche Gedichte, platonische Dialoge, das wittgensteinsche Spätwerk, …
pfälzer Wurstsalat, eine schweizer Armbanduhr, die nürnberger Schulen, …

Dazu drei **Anmerkungen:**

1. Bei *Platonische Schriften* : *platonische Liebe, Lutherische Kirchenlieder* : *lutherische Kirche* usw. klärt der Kontext in aller Regel den Sinn.

2. Der Unsinn der generellen Großschreibung der von geographischen Namen auf -er abgeleiteten Adjektive springt besonders ins Auge, wenn man

	deutscher	
ein	französischer	Grenzbeamter
	italienischer	

mit

ein	Schweizer	Grenzbeamter

vergleicht. Schreibt man dagegen diese Adjektive grundsätzlich klein, so lassen sich mit ihnen gebildete Eigennamen der generellen Regel 3.2 entsprechend kennzeichnen, z. B.

die Aachener Zeitung, Zur Pfälzer Weinstube, Nürnberger Lebkuchen usw.

---

[38] Großgeschrieben wird also dann und nur dann, wenn eine der Bedingungen 2.1 bis 2.4 vorliegt, sonst nicht.

[39] Vgl. die Regeln 3.3.1 und 3.3.2.

3. Wer sich an die alte Duden-Regelung halten will oder muß, dem geben wir hier „ersatzweise" eine Regelformulierung an die Hand, die wenigstens den grotesken Widerspruch der alten Duden-Regel 77 vermeidet (R 76 war ja eindeutig):

> Von Personennamen auf -*[i]sch* abgeleitete attributive Adjektive werden dann großgeschrieben, wenn sie bei gleichbleibendem Sinn des gesamten Ausdrucks durch ein nachgestelltes, aus demselben Personennamen gebildetes Genitivattribut ersetzt werden können.

Beispiele:
ein Goethesches Gedicht (= ein Gedicht Goethes)
die Lutherischen Kirchenlieder (= die Kirchenlieder Luthers)

Ist eine solche Umformung nicht möglich, so wird das betreffende Adjektiv kleingeschrieben. Die lutherische Kirche ist z. B. nicht identisch mit der Kirche Luthers.

Um entscheiden zu können, wann ein Wort großgeschrieben wird, muß man wissen, was es heißt, daß ein Wort als Satzanfang, Anredepronomen usw. verwendet wird. Daß es hierbei Grenzfälle geben kann – gerade bei den Begriffen des Eigennamens und des Substantivs – liegt in der Natur der Sache. Kein empirischer Begriff hat eindeutige Grenzen. Die Mediziner z. B. diskutieren darüber, ab wann ein Mensch eindeutig „tot" zu nennen ist. Es kommt also darauf an, die in 2.1 bis 2.4 benannten Verwendungsweisen möglichst genau zu definieren. Wir konzentrieren uns dabei auf die schwierigen Fälle des Eigennamens und des Substantivs. Die anderen machen erfahrungsgemäß kaum Schwierigkeiten. **24**

Satzanfänge, Überschriften, Werktitel

> **R 1:** Groß schreibt man das erste Wort eines Satzes oder einer Überschrift, eines Werktitels oder Titels von Veranstaltungen, Filmen, Rundfunk- und Fernsehsendungen etc., es sei denn, **25**
> 1.1 das erste Wort beginnt mit einem Apostroph,
> 1.2 der Satz beginnt mit Auslassungspunkten,
> 1.3 der Satz beginnt mit abgekürztem *von* (*v.*) eines Familiennamens[40],
> 1.4 der Satz beginnt mit dem Zitat eines kleingeschriebenen Wortes.

---

[40] Um Verwechslungen mit einem auf V beginnenden abgekürzten Vornamen auszuschließen, z. B. V. Münster.

Beispiele für 1.1 bis 1.4:

    1.1: *s'ist eine Schande!*

    1.2: *... rief er und knallte die Tür zu.*

    1.3: *v. Gradowski wollte davon nichts hören.* Aber: *Von Gradowski wollte ...*

    1.4 *„und"* ist eine Konjunktion; *„ist hoch"* ist ein Ergänzungsprädikat; ...

Anmerkung 1: Folgt auf einen Doppelpunkt ein vollständiger Satz und ist dieser als Schlußfolgerung aus zuvor entwickelten Prämissen zu verstehen, so kann das erste Wort, sofern es kein Substantiv, Eigenname oder Anredepronomen ist, kleingeschrieben werden, um den logischen Zusammenhang anzudeuten. Vgl. hierzu meinen Band *Zeichensetzung, verständlich erklärt*, Urania Verlag 1997, S. 91.

Anmerkung 2: Das erste Wort eines vollständig angeführten Satzes wird entsprechend der Grundregel großgeschrieben:

    „Das ist gut", sagte er.

    Sein „Ich kann nicht mehr" klang nicht sehr überzeugend.

Anmerkung 3: Auch wenn ein Frage- oder Ausrufezeichen innerhalb eines Satzes erscheint, nämlich am Ende einer in Anführungszeichen gesetzten wörtlichen Rede, wird der sogenannte Beisatz in Kleinschreibung weitergeführt. Die Anführung ist ja Teil des übergeordneten Satzes:

    „Was willst du?" fragte er.

    „Rechts um!" wurde befohlen.[41]

Anreden

26

> **R 2:** Groß schreibt man
>
> 2.1 das Anredepronomen *Sie* und die entsprechende Possessivform *Ihr*, entsprechend die nur noch mundartlich gebräuchlichen Anredeformen *Ihr*, *Euch*, *Euer* usw.,
>
> 2.2 die Possessivpronomen der zweiten und dritten Person in Verbindung mit Titeln,
>
> 2.3 die Anredeformen der Personalpronomen und die entsprechenden Possessivpronomen, sofern sie in Briefen, Aufrufen, Erlassen, Inschriften, Widmungen o. ä. Texten verwendet werden.

Einige der folgenden Beispiele wurden schon auf S. 11 angeführt:

    2.1: *... ich habe Sie in meinem letzten Schreiben gebeten ...*

    ... Kollegen, laßt Euch nicht irreführen ...

---

[41] AR: *... du?", fragte ...* bzw. *...um!", wurde ...*

Das Reflexivpronomen *sich* wird allerdings nie, es sei denn am Satzanfang, groß-geschrieben:

Ich bitte Sie, überlegen Sie sich die Sache noch einmal.
2.2 *... und Seine Exzellenz der Botschafter von ...; ... Seine Heiligkeit; ...*
2.3 *Lieber Klaus,*
leider muß ich Dir mitteilen, ...
Ich habe meine Aktien verkauft. Die Deinen ...

Anmerkung: Anders als beim *Sie* ist die Großschreibung nach 2.3 auf Briefe und andere „förmliche" Textsorten beschränkt.
Neuregelung: Groß schreibt man nur das Anredepronomen *Sie*, das entsprechende Possesivpronomen *Ihr* und die zugehörigen flektierten Formen.
Beispiele:

Lieber Klaus,
leider muß ich dir mitteilen, daß ...[42]
... Kollegen, laßt euch nicht irreführen ...

Also auch:

Ich habe meine Aktien verkauft. Die deinen ...

Eigennamen

Wir kommen nunmehr zum Zentrum der Groß- und Kleinschreibung im Deut-schen, zu den Eigennamen und Substantiven.   **27**
Traditionell hat man die Eigennamen immer als „einfache", Substantive dagegen sozusagen als Namen „zweiten Grades" aufgefaßt. Dem liegt die alte Vorstellung zugrunde, daß wir mit den Wörtern unserer Sprache die Dinge benennen. Mit dem Wort *Stadt* benennen bzw. bezeichnen wir Städte.[43] Daher rührt auch der grammatische Begriff des *Nomen* (= Name).
Diese Sicht der Dinge ist jedoch für ein Verständnis der Regelung der Groß- und Kleinschreibung zu grob. Um das zu erläutern, gehen wir vom Begriff der Sprech-handlung aus:

> Unter einer Sprechhandlung verstehen wir die kleinste selbständige sinnvolle   **28**
> Äußerung – die kleinste Einheit der Kommunikation.

---

[42] Der Sinn dieser Regelung ist, milde gesprochen, dunkel. Die AR gilt ja nur für die Schule.
[43] Diese Vorstellung leitet auch die Substantivregelung der AR. Daß sie zirkulär ist, wird dabei nicht bedacht. Genau genommen müßte unser Beispielsatz ja lauten: Mit dem Wort *Städte* benennen wir Objekte, die wir *Stadt* nennen. Daher erklärt diese Erklärung nichts. Wir gehen folglich einen anderen Weg.

Sagt z. B. jemand zu einem Bekannten, den er auf der Straße trifft: „Wohin gehst du?", so wird dieser das normalerweise ohne weitere Erläuterung als Frage verstehen. Ebenso verstehen wir eine Äußerung wie „Könnten Sie das Fenster schließen" als Bitte usw.

Wer die deutsche Sprache beherrscht, hat auch Äußerungen der beiden folgenden Typen gelernt:

S$_1$ *Dies ist ein y.*
S$_2$ *Dieses y heißt z.*

Beispiele:

A$_1$ *Dies ist ein Pferd.*
B$_1$ *Dieses Pferd heißt Meteor.*
A$_2$ *Dies ist ein Intercity.*
B$_2$ *Dieser Intercity heißt Schwabenpfeil.*
A$_3$ *Dies ist ein deutscher Staatsbürger.*
B$_3$ *Dieser deutsche Staatsbürger heißt Alfred Schmidt.*

29 Sowohl mit den Äußerungen (A) wie mit den Äußerungen (B) beziehen wir uns auf etwas, auf einen Menschen, ein Tier, einen Gegenstand – allgemeiner: auf ein Objekt. Dazu verwenden wir Ausdrücke wie hier *dies* oder *dieses*, aber auch z. B. die Wörter, die grammatisch *Artikel* genannt werden: *der, die, das* usw. Diesen Bezug auf Objekte nennt man *Referenz*.

> Referenz := sich mit einer Äußerung auf ein Objekt seines Denkens oder Vorstellens beziehen.

Der Ausdruck *dies* in (A) läßt offen, um welches Objekt es sich handelt. Dies genauer zu bestimmen, zu charakterisieren, sodaß man es von anderen Objekten unterscheiden kann, ist hier Aufgabe des Prädikats, d. h. der Ausdrücke

…ist ein Pferd; … ist ein Intercity; … ist ein deutscher Staatsbürger
allgemein: *… ist ein y.*

Die Handlung, etwas durch einen sprachlichen Ausdruck so zu charakterisieren, daß man es von anderen Objekten unterscheiden kann, nennen wir *Kennzeichnen*. Natürlich können auch Ausdrücke anderer Form zum Kennzeichnen benutzt werden, wie etwa

… lebt; … ist groß; … befindet sich wohl usw.

Die Objekte, auf die in den Äußerungen (A$_1$) bis (A$_3$) referiert (Bezug genommen) wird, werden so als Pferd, als Intercity bzw. als deutscher Staatsbürger gekennzeichnet. Wir wissen dann z. B. im Fall (A$_1$), daß es sich bei dem betreffenden Objekt um ein Säugetier, also Tier, also Lebewesen etc. handelt, und wir könnten die Behauptung „Dies ist ein Pferd", mit der sich unser Gesprächspartner auf ein anwesendes oder auf einem Bild gezeigtes Tier bezieht, bestreiten, wenn es sich unserer Meinung nach in dem betreffenden Fall etwa um ein Maultier oder einen Esel handelte.

Kennzeichnungen vermitteln also Wissen über Objekte. Sie dienen dazu, diese von andersartigen zu unterscheiden. Wenn wir gelernt haben, etwas als Pferd, als Intercity oder als deutschen Staatsbürger zu kennzeichnen, so heißt dies eben, daß wir gelernt haben, ein Pferd von einem Esel, einen Intercity von einem Nahverkehrszug, einen deutschen von einem spanischen Staatsbürger zu unterscheiden. Wir können daher definieren:

> Kennzeichnung := ein sprachlicher Ausdruck, mittels dessen wir die Objekte, auf die er anwendbar ist, von allen übrigen unterscheiden, auf die er nicht anwendbar ist.
>
> Jede Kennzeichnung geschieht dadurch, daß man den kennzeichnenden Ausdruck auf das betreffende Objekt bezieht (Referenz)[44].

30

Anmerkung 1: In einem Satz wie *Dieses Tier ist ein Pferd* haben wir zwei Kennzeichnungen: *Tier* und *Pferd*. Beide beziehen sich auf dasselbe Objekt. Natürlich kann man sich in einer Äußerung auch auf mehrere Objekte beziehen. Z. B. bezieht sich in

> *Gestern schenkte mein Vater meiner Mutter zum Geburtstag einen Blumenstrauß*

der Sprecher bzw. Schreiber dieses Satzes auf drei verschiedene Objekte: auf seinen Vater, seine Mutter und einen (nicht näher bezeichneten bzw. bekannten[45]) Blumenstrauß.

Anmerkung 2: Die Bedeutung von *Kennzeichnung* ist also enger als die von *Bezeichnung*, obwohl in vielen Fällen beide Ausdrücke gleichbedeutend verwendet werden. Man kann *bezeichnen* auch im Sinne von *markieren* verwenden, etwa in

> *Dieses Kreuz bezeichnet die Stelle, wo wir uns treffen.*

Eine solche Markierung vornehmen heißt ja nicht, das markierte Objekt von allen nichtgleichartigen zu unterscheiden. Es könnten unendlich viele verschiedene Dinge durch ein Kreuz markiert werden. Die Markierung sagt nichts über die Art des markierten Objekts aus. Charakteristisch für die *Kennzeichnung* ist also – dies wird für das Verständnis der Substantivregelung besonders wichtig –, daß sie Objekte bestimmter Art von andersartigen *unterscheidet*.

---

[44] Dieser Aspekt wird für die Substantivregelung wichtig.
[45] Daher der unbestimmte Artikel.

31 Betrachten wir nun – um zu den Eigennamen zu kommen – Äußerungen wie
Dieses Pferd heißt Meteor; dieser Intercity heißt Schwabenpfeil; dieser Mann heißt Hans.

Wir meinen mit solchen Äußerungen nicht, daß das, worauf wir uns mit ihnen beziehen (bzw. worauf wir mit ihnen referieren), *ein* Meteor, *ein* Schwabenpfeil, *ein* Hans sei, sondern eben, daß es sich hier um *den* Meteor, *den* Schwabenpfeil, *den* Hans handelt. Anders gesprochen: wir meinen mit solchen Äußerungen, daß das Objekt, auf das wir uns beziehen, *so heißt*: Meteor, Schwabenpfeil, Hans. Dies sind die Namen der betreffenden Objekte (Personen, Lebewesen, Gegenstände, …). Entsprechend sagen wir häufig auch:
Das ist der Hans; heute reitet Fritz Tiedemann den Meteor; auf Bahnsteig 7 wartet der Schwabenpfeil usw.

Ein Name benennt also nicht nur bestimmte Objekte, sondern er bezieht sich immer auf ein Individuum, und wir verwenden einen Namen immer dazu, um das Objekt, auf das wir uns mit ihm beziehen, als dieses und kein anderes Individuum zu *identifizieren.* Daher spricht man auch von *Eigennamen.* Das da drüben ist der Hans (und nicht der Klaus oder Matthias), der Intercity auf Bahnsteig 7 ist der Schwabenpfeil (und nicht der Blaue Enzian) usw.

32 Um sagen zu können, welchen Namen jemand oder etwas trägt, müssen wir also erstens wissen, wie er bzw. es heißt, d. h.: welcher Name dem Betreffenden gegeben worden ist. Bei Menschen nennt man den Akt der Namengebung *Taufe.* Wir wollen hier jeden formellen oder informellen Akt, der lautet:
Dieses ………… soll zukünftig …………… heißen (genannt werden),

ursprüngliche Taufe nennen. Um jemanden oder etwas in diesem Sinne „taufen" zu können, muß man immer wissen, um wen oder was es sich handelt. Daher setzt jede Namengebung und auch die Verwendung von Eigennamen immer eine hinreichende Kennzeichnung des „Getauften" voraus, d. h. eine hinreichende Unterscheidung des Betreffenden von anderen, gleichartigen oder ähnlichen Objekten. Wenn ein Kind getauft wird, dann muß der, der tauft, wissen, daß dieses Kind das Kind von …… ist, daß es noch nicht getauft ist, daß es ein Junge bzw. Mädchen ist usw. Und die Bahn wird den Intercity, der von München über Nürnberg nach Berlin fährt, schwerlich *Schwabenpfeil* nennen, sondern vielleicht *Donaukurier* oder *Spree-Expreß* oder ihm einen anderen „passenden" Namen geben.
Ein zweites ist notwendig, um Eigennamen geben und verwenden zu können: Es gibt viele Menschen, die *Hans* heißen. Wenn wir jemanden als *den* Hans identifizieren, dann funktioniert dies nur, wenn wir dabei eine bestimmte Menge von Personen voraussetzen, z. B. die Menge unserer gemeinsamen Freunde (unter denen es zufälligerweise nur einen Hans gibt). Und die Bahn gibt nur den Inter-

citys oder ähnlichen Zügen so schöne Namen, nicht aber dem Nahschnellverkehrszug, der zwischen Köln und Aachen verkehrt.

Wir können nunmehr den Begriff des Eigennamens definieren: **33**

> Eigenname := Benennung oder Bezeichnung, die einem Objekt (Person, Lebewesen; Gegenstand, …) in einer *ursprünglichen Taufe* verliehen wird. Der Eigenname identifiziert den/die/das Getaufte innerhalb einer je bestimmten Menge von (gleichartigen) Objekten.

Die Benennung eines Objekts mit einem Eigennamen hat nach dieser Definition also die Funktion, das betreffende Objekt, den Menschen, den Gegenstand, das, woran man denkt und worauf man sich bezieht, innerhalb einer bestimmten Menge sozusagen *herauszugreifen* und es zu identifizieren. Dies ist der entscheidende Gesichtspunkt für das Verständnis dessen, was der Eigenname leistet und damit ist. Ob ein Eigenname darüber hinaus das von ihm *herausgegriffene* Objekt auch noch in gewisser Weise *kennzeichnet*, ist für die Frage, ob es sich bei einem Ausdruck um einen Eigennamen handelt oder nicht, unerheblich.

Anmerkung 1: Die *ursprüngliche Taufe* muß natürlich nicht immer ein formeller Akt sein wie die Taufe im eigentlichen Sinn. Eine Namengebung kann informeller Art sein: Kosenamen, Spitznamen usw. bilden sich in der alltäglichen Kommunikation heraus. Irgendwann hat sich bei einem Ehepaar eben die Gewohnheit eingestellt, daß er sie *Hase* und sie ihn *Bärchen* nennt. Oder bei den Physikern der Brauch, ein Gesetz nach dem zu benennen, der es als erster formuliert hat, z. B. das *Ohmsche Gesetz*. Und schließlich kann ein bestimmter Typus von Hilfeleistungen so normiert worden sein, daß er im Vergleich mit und zur Unterscheidung von anderen, z. B. weniger professionellen Hilfeleistungen nun *Erste Hilfe* genannt wird.

Anmerkung 2: Wenn wir etwas mit seinem Namen identifizieren, so setzen wir dabei immer eine bestimmte Menge von Objekten voraus, aus der der/die/das Betreffende durch seinen Namen herausgegriffen wird. Dies drückt sich formal in dem Äußerungstyp

  Dies … (Pferd; …) ………… heißt … (Meteor; …) ……………

aus. In der ersten Leerstelle wird die betreffende Menge bezeichnet, in der zweiten der Name angegeben. Um zu entscheiden, ob es sich bei einem Ausdruck um einen Eigennamen handelt, braucht man also nur die Probe zu machen, ob man sagen kann

  Dies …………… heißt ………………

Beispiele:
Dieses Institut heißt Institut für Alte Geschichte
Dieses Stadion heißt Waldstadion
Dieses Krankenhaus heißt Städtische Krankenanstalten.

Diese Beispiele verdeutlichen schon, daß sich im Deutschen wegen der Großschreibung der Substantive das Problem der Eigennamenschreibung eigentlich nur bei zusammengesetzten Eigennamen stellt. Alle einwortigen Eigennamen sind, grammatisch betrachtet, Substantive.

34 Will man also entscheiden, ob ein sprachlicher Ausdruck ein Eigenname ist, so braucht man nur zu fragen:

> 1. Welches ist die Menge, aus der das betreffende Objekt herausgegriffen werden soll?
> 2. Wie heißt dieses bestimmte Objekt, d. h. wie wurde es im Sinne unserer Erläuterung getauft?

Anmerkung 1: Die Beantwortung der ersten Frage ist dabei durchaus wichtig. Wird sie nicht beachtet, so kann oft nicht entschieden werden, ob etwas ein Eigenname ist. Nehmen wir z. B. den Ausdruck
STÄDTISCHE KRANKENANSTALTEN.

Er kann sowohl als Eigenname wie als Kennzeichnung verwendet werden. Ist keine Menge – etwa von Krankenhäusern – gegeben, aus der ein bestimmtes Krankenhaus herausgegriffen und identifiziert werden kann, so handelt es sich um eine Kennzeichnung. Kann jedoch eine solche Menge angegeben werden, etwa *die Krankenhäuser der Stadt Köln*, so kann man dann in einem zweiten Schritt fragen, ob dieses Krankenhaus *Städtische Krankenanstalten* heißt, d. h. so benannt worden ist. Wer das weiß, kann dann sagen: Nein, dies sind nicht die Städtischen Krankenanstalten, sondern das Marienhospital; oder umgekehrt: Ja, das sind sie. Man kann dann also sagen:
Dieses Krankenhaus heißt Städtische Krankenanstalten.[46]

Anmerkung 2: Umgekehrt klärt die zweite Frage, ob es sich bei Ausdrücken, die sich auf ein einziges Objekt beziehen, wie
    a   *der bremer Hafen*
    b   *der kölner Dom oder*
    c   *der Zweite Weltkrieg,*

---

[46] Daher hier die Großschreibung, wie auch im Satz zuvor.

um Eigennamen handelt oder nicht. Weder hat jemals jemand den bremer Hafen „Bremer Hafen" getauft noch den kölner Dom „Kölner Dom". Es handelt sich eben um den bremer im Unterschied zum hamburger Hafen und um den kölner und nicht um den mainzer Dom. Allein beim zweiten Weltkrieg – ein Grenzfall – wird man vielleicht sagen können, daß sich diese Bezeichnung inzwischen als Name für das betreffende historische Ereignis herausgebildet hat. Man würde z. B. bei einer Rundfahrt durch den bremer Hafen oder durch Köln niemals sagen: *Dieser Hafen heißt Bremer Hafen* bzw. *Dieser Dom heißt Kölner Dom*. Dagegen ist eine Ausdrucksweise wie *Dieser Krieg heißt allgemein der Zweite Weltkrieg* durchaus denkbar.[47]

Natürlich gibt es einen einsichtigen Grund, weshalb Kennzeichnungen wie kölner Dom oder bremer Hafen als Eigennamen betrachtet wurden: Sie beziehen sich auf ein einziges Objekt und gleichen hierin den Eigennamen. Man kann gern zugeben, daß für viele diese Kennzeichnungen mehr bedeuten, z. B. die Einzigartigkeit dieses Doms oder das besondere Fluidum dieses Hafens usw., und sie sich deshalb dem Charakter von Eigennamen annähern. Dies in seiner Schreibweise zum Ausdruck zu bringen ist natürlich jedem freigestellt, aber das ist nicht zu regeln. Im Gegenteil ermöglicht erst unser strikter, rein logischer Begriff des Eigennamens – und damit die Regelschreibweise *bremer Hafen*, *kölner Dom* usw. – derartige Nuancierungen.

Der Vorteil der Definition des Eigennamens, die wir im vorhergehenden Abschnitt entwickelt haben, besteht darin, daß sie lange Listen, was alles als Eigenname zu betrachten sei[48], überflüssig macht. Man muß sich lediglich den Sinn des oben beschriebenen „Zwei-Schritte-Verfahrens" klarmachen.
Beispiele:

Eigenname:	vorausgesetzte Menge:
Inge	weibliche Personen, Menge der Freundinnen von … Geschwister, Kinder, …[49]
Rhein	(deutsche, europäische) Flüsse
Zweites Deutsches Fernsehen	Rundfunk- und Fernsehanstalten

---

[47] Dies ist aber – wie bereits gesagt – der berühmte Grenzfall. *Zweiter Weltkrieg* ist ursprünglich eine reine Kennzeichnung. Ähnliche Fälle sind Funktionsbezeichnungen wie *leitender Angestellter* oder *technischer Direktor*, wo heute vielfach die Großschreibung üblich ist, obwohl es sich bei diesen Bezeichnungen nicht um Titel handelt.

[48] So in der AR § 60.

[49] Ein Eigenname kann also verschiedenen *Mengen* zugeordnet sein, aus denen er „herausgegriffen" wird, *Helmut Kohl* z. B. den Mengen Politiker, Bundeskanzler, Saumagenliebhaber usw.

Stiller Ozean	Meere, Ozeane, Weltmeere
Eiffelturm	Baudenkmäler, Wahrzeichen, Touristenattraktionen, …
der Westfälische Frieden	Friedensschlüsse, historische Ereignisse, …

35 Die Gegenprobe ist leicht gemacht: Kann man einen Ausdruck y innerhalb des Äußerungstyps

Dies ist ein y (… ein Pferd, …ein Intercity, …eine Rose, …)

verwenden, also als Teil eines Ergänzungsprädikats, so handelt es sich nicht um einen Eigennamen, sondern um eine Kennzeichnung. In

Das ist ein Hennes; … das war ein Judas, … so ein Heini … usw.

werden *Hennes, Judas, Heini* nicht als Eigennamen verwendet, sondern als Kennzeichnungen. Jemand wird damit der Klasse aller Henesse, Judasse usw. zugerechnet, d. h. als ein solcher, nämlich als Dummkopf, Verräter usw. gekennzeichnet. Man erkennt dies formal an dem unbestimmten Artikel: … ist *ein* …[50]

36 Damit erledigt sich auch das Problem der Pflanzen- und Tiernamen wie

Roter Milan, Fette Henne, Gute Luise usw.

Als Eigennamen werden sie „eigentlich" nur dann verwendet, wenn sie Gattungen bezeichnen, z. B. in

Der Rote Milan ist ein Greifvogel; die Gute Luise kostet heute 2,80 DM das Pfund usw.

Denn man kann sagen:

Diese Vogelart heißt „Roter Milan"; diese Birnensorte heißt „Gute Luise"; …

Der Unterschied dieser Eigennamen zu den „normalen" Gattungsbezeichnungen wie Apfel, Birne, Greifvogel usw. liegt darin, daß bei diesen das Kriterium der *Taufe* nicht erfüllt ist. Wir lernen die Bedeutung dieser Ausdrücke im normalen Spracherwerb. Dennoch sind auch Schreibweisen wie

Dort fliegt ein Roter Milan oder Die Gute Luise lag ihm schwer im Magen

gerechtfertigt. Man deutet dadurch an, daß man die Attribute *rot* bzw. *gut* hier nicht im üblichen Sinne verwendet. Man kann ja ohne Widerspruch sagen:

Diese Gute Luise war aber gar nicht gut.

---

[50] Daher auch: Das sind *städtische Krankenanstalten*. Im Plural fällt der unbestimmte Artikel weg: *eine Flasche*, *Flaschen*.

Grundsätzlich gilt also, daß es von der Verwendung eines Ausdrucks abhängt, ob er in dem betreffenden Zusammenhang als *Eigenname* oder als *Kennzeichnung* aufzufassen ist.[51]

Entsprechendes gilt für Tite wie *Regierender Bürgermeister, Erster Vorsitzender Richter* usw. Diese sind ursprünglich Funktionsbezeichnungen, also Kennzeichnungen. Daß sie als Titel verwendet werden, setzt einen „Taufakt" voraus, in dem der Name für das betreffende Amt, z. B. das des Regierungschefs von Berlin oder Hamburg, eben als Amt des *Regierenden* bzw. *Ersten Bürgermeisters* festgelegt wurde, hier etwa in den jeweiligen Länderverfassungen. **37**

Oft werden Berufsbezeichnungen wie *technischer Direktor* oder *leitender Angestellter* für eine Art Titel gehalten und deshalb großgeschrieben. An sich sind sie reine Funktionsbezeichnungen und damit Kennzeichnungen, deren Adjektive grundsätzlich kleinzuschreiben sind. Es fehlt das Kriterium der *Taufe.* Doch dies ist ein Grenzfall. Je hierarchischer ein Unternehmen ist, desto stärker wird die Tendenz sein bzw. werden, solche Bezeichnungen für Titel zu nehmen und sie folglich großzuschreiben. **38**

Für die Regelung der Schreibung von Eigennamen und Titeln unterscheiden wir einteilige und mehrteilige Namen bzw. Titel. Ein Teil der folgenden Beispiele ist Ihnen schon auf S. 11ff begegnet. **39**

3.1 Einteilige Eigennamen und Titel werden großgeschrieben.

Beispiele:
Klaus, Andrea, Schmidt, …
Donau, Atlantik, Berlin, Österreich, …
Halla, Venus, Schwabenpfeil, …

3.2 In mehrteiligen Eigennamen und Titeln werden großgeschrieben:
3.2.1 Adjektive, Partizipien, Pronomen und Ordinalzahlen, in Anfangsstellung auch Präpositionen und gelegentlich Artikel im Nominativ,
3.2.2 das Bezugswort der in 3.2.1 genannten Wörter. **40**

Beispiele:
Friedrich der Große, Karl der Fünfte, …
Frankfurter Allgemeine Zeitung, Verein Deutscher Ingenieure, …

---

[51] Man erkennt an diesem Sachverhalt allerdings auch den engen Zusammenhang von Eigenname und Kennzeichnung, auf den historisch die Substantivgroßschreibung im Deutschen zurückgeht.

Zum Goldenen Ochsen, der Schiefe Turm (von Pisa), …
Institut für Angewandte Mathematik der RWTH Aachen, Zentrum für Plastische Chirurgie der Universität Köln, …
Man sah den Großen Wagen am Himmel leuchten. (Sternbild)
Sie trafen sich in der Gaststätte Zum Anker.

Aber:
Wolfram von Eschenbach, Rothenburg ob der Tauber, …

Anmerkung 1: die Schreibung fremdsprachiger Vor- und Familiennamen wird beibehalten. Bei Sprachen, die nicht das lateinische Alphabet benutzen, wird transkribiert:
*Georgios Papadopoulos, Mao Tse Tung (*heute: *Zedong*), …

41 **Anmerkung 2:** Bei Buch-, Film- oder Zeitschriftentiteln etc. schreibt man nur das erste Wort und die darin enthaltenen Substantive oder Eigennamen groß:
Der grüne Heinrich (Romantitel)
Er las den Grünen Heinrich[52]
Es geschah am hellichten Tag.

42 **Anmerkung 3** zur **Neuregelung:** Die AR bringt einige neue Schreibweisen wie
erste Hilfe, ohmsches Gesetz (Ohm'sches Gesetz), der letzte Wille, schwarzes Brett, das goldene Zeitalter,
alt: *Erste Hilfe, Ohmsches Gesetz, der Letzte Wille, Schwarzes Brett, das Goldene Zeitalter,*

die somit nicht als Eigennamen angesehen werden. Dies ist zumindest in den drei ersten Fällen eindeutig irrig, und auch die Ausdrücke *Schwarzes Brett* und *Goldenes Zeitalter* kann man mit gutem Grund als Eigennamen betrachten[53]. Auch nach der AR müßten daher diese Ausdrücke wie nach der alten Regelung geschrieben werden. Richtig sind dagegen die neue Schreibweisen
der Deutsche Schäferhund (alt: *der deutsche Schäferhund*)
die Dritte Welt (alt: *die dritte Welt*)
der Große Teich (alt: *der große Teich*) (= Atlantik)
der Kalte Krieg (alt: *der kalte Krieg*)

Auch hier handelt es sich eindeutig um Eigennamen.

[52] Hieran kann man erkennen, daß die Großschreibung in diesem Fall eine ähnliche Funktion hat wie Anführungszeichen.
[53] Es ist ja kein Widerspruch zu sagen: *Unser Schwarzes Brett ist nicht schwarz, sondern grün, und es ist auch kein Brett, sondern eine Wandtafel.* Die Einrichtung heißt eben so, ganz gleich, ob die betreffende Tafel nun schwarz, weiß oder x-farbig ist. Entsprechendes gilt für die *Schwarze Kunst*, den *Schwarzen Peter*, den *Schwarzen Tod* und das *Goldene Zeitalter* Vgl. hierzu die Erläuterung des Begriffs des Eigennamens Nr. 31 ff.

Wir müssen hier noch eine – der Regelung der Großschreibung eigentlich systematisch widersprechende – Eigentümlichkeit der alten Duden-Regelung erwähnen, d e die AR zum Teil übernommen hat:

> 3.3.1 Von Personennamen auf -*[i]sch* abgeleitete Adjektive werden großgeschrieben, wenn sie bei Wahrung des Sinns in ein mit dem betreffenden Namen gebildetes Genitivattribut umgewandelt werden können.
> 3.3.2 Von geographischer Namen auf -*er* abgeleitete Adjektive werden stets großgeschrieben.

Beispiele:

3.3.1: *die Platonischen Dialoge* (= die Dialoge Platons)
die Lutherischen Kirchenlieder (= die Kirchenlieder Luthers)
aber: *die platonische Liebe, die lutherische Kirche* (≠ die Liebe Platons bzw. die Kirche Luthers)
3.3.2: *Pfälzer Wurstsalat, Kölner Straßen, Nürnberger Einwohner, ...*[54]

Neuregelung: Die AR behält 3.3.2 bei, also gleichfalls *Pfälzer*, *Thüringer*, *Hamburger* ... als Adjektive, gibt 3.3.1 dagegen auf: Grundsätzlich werden danach von Namen auf -*[i]sch* abgeleitete Adjektive kleingeschrieben, also:
die platonischen Dialoge, *die lutherischen Kirchenlieder* usw.;

oder aber der Name wird durch Apostroph abgesetzt und großgeschrieben, also:
die Platon'schen Dialoge, *die Luther'schen Kirchenlieder* usw.

Wir empfehlen diese Regelung nicht, sondern grundsätzlich die Kleinschreibung aller dieser Adjektive. Vgl. dazu oben Nr. 23 .

Substantive

Wir kommen nunmehr zur Erläuterung der – alten – Substantivgroßschreibung. Deren Regelung war bzw. ist zwar klar, aber logisch nicht ganz einfach. Wir bitten die Leserin/den Leser daher um etwas Geduld. Immerhin läßt sich die alte Regelung auf einige klare Grundsätze zurückführen und damit verstehen. Dies kann man von der Amtlichen Regelung leider nicht sagen. Logisch ist sie ein hoffnungsloser Fall, den man nicht verständlich machen, sondern nur in Listen abhandeln kann, denn sie ist in sich widersprüchlich. Wir behandeln sie daher am Schluß dieses Kapitels und erläutern die Regelung der Substantivschreibung zunächst ohne Rücksicht auf die Neuregelung.

[54] In allen diesen Fällen handelt es sich wohlgemerkt nicht um Eigennamen.

Die herkömmliche Regelung (Duden) war folgendermaßen aufgebaut:

> 1. Substantive werden großgeschrieben (R 60 des alten Duden).
> 2. Alle Substantive, die nicht als Substantiv, sondern in der Funktion einer anderen Wortart, als Adjektiv, Adverb, Präposition usw. verwendet werden, werden kleingeschrieben (R 61 bis 64 des alten Duden).
> Alle Wörter, die wie ein Substantiv verwendet werden, werden großgeschrieben (R 65 bis 70 des alten Duden).

Die Neuregelung der AR übernimmt dieses Schema in seinen Grundzügen, ergänzt es aber in einem weiteren, fatalen Punkt: Viele Wörter werden auch dann kleingeschrieben, wenn sie – nach den eigenen Kriterien der AR – substantivisch verwendet werden.[55]

Man sieht sofort, daß schon die alte Duden-Regelung so nicht stimmen konnte. Die Regel (2.) sagt ja, daß nicht alle Substantive großgeschrieben werden – im Gegensatz zur Regel (1.) –, nämlich dann nicht, wenn sie nicht *wie Substantive* verwendet werden. Adererseits werden alle Wörter großgeschrieben, wenn sie *wie Substantive* verwendet werden, und daraus folgt,

45

> daß alle Wörter, auch Substantive, dann und nur dann großgeschrieben werden, wenn sie wie Substantive verwendet werden.

Was das heißt, ist zu klären. Dazu reicht das Kriterium, daß Substantive regelmäßig mit dem Artikel verbunden werden, allerdings nicht aus. Denn einerseits werden viele Wörter mit dem Artikel verbunden, ohne daß sie deshalb großgeschrieben würden, z. B.

der einzelne, das wenigste, der dritte in der Reihe, die vielen, das wenige, die drei, ...
im folgenden, im allgemeinen, im wesentlichen, ...,[56]

andererseits werden viele Wörter ohne Artikel verwendet und dennoch großgeschrieben wie in

Ich sage dir als Mensch und Christ, ...
Anzeige gegen Unbekannt
Das gilt ohne Wenn und Aber.

Zunächst ist also zu klären, unter welchen Umständen ein Wort als Substantiv angesehen wird. Wenn wir Wörter isoliert betrachten, ist der Fall meistens eindeutig:
Mensch, Pferd, Auto, Gesinnung, Demokratie, Umweltverschmutzung, ...

---

[55] Dies ist der erwähnte Widerspruch, der die gesamte Regelung zur Makulatur degradiert.
[56] Alle Beispiele nach der alten Regelung.

betrachtet jeder eindeutig als Substantive. Zweifel, darüber, ob ein Wort noch als Substantiv zu betrachten ist, treten immer nur bei bestimmten Verwendungsweisen auf:

in bezug/mit Bezug auf	*aber: der Bezug auf …*
ingang/in Gang setzen	*aber: der Gang der Dinge …*
eislaufen	*aber: das Eislaufen ist …*

Hier handelt es sich um Desubstantivierung, d. h. um den Verlust der Eigenschaft, Substantiv zu sein.
Dem entsprechen bei Substantivierungen folgende Erscheinungen:

im allgemeinen	*das Allgemeine dieser These …*
im folgenden	*das aus dieser Ansicht Folgende …*
der dritte in der Reihe	*ein Vertrag zu Lasten Dritter …*

Strittig sind – dies belegt auch die AR – nur die Fälle auf der linken Seite. Diesen „Zweifelsfällen" lassen sich die Kriterien ablesen, die die substantivische Verwendung eines Wortes ausmachen, d. h. eine Verwendungsweise, wie sie für Substantive „typisch" ist. Dabei handelt es sich um einen semantischen (die Bedeutung betreffenden) und um einen syntaktischen (die Verwendung des Wortes im Satz betreffenden) Sachverhalt. Wir betrachten zunächst den semantischen.

> **Grundsatz 3:** Substantive werden in der Regel als Kennzeichnungen verwendet.

46

Maßgeblich für die Entwicklung der Substantivgroßschreibung ist die Tatsache gewesen, daß Substantive normalerweise dazu verwendet werden, Objekte[57], d. h. Lebewesen, Gegenstände, Sachverhalte, Ereignisse, Begriffe usw., zu kennzeichnen.[58] Die Bildung von Substantiven wie

Raumfähre, Versicherungsbetrug, Frustration oder *Wahrnehmung*

signalisiert, daß es Sachverhalte gibt, die im Deutschen allgemein, anerkanntermaßen „Raumfähre", „Versicherungsbetrug" usw. genannt werden. In gewissem Sinne kann man also sagen, daß die Substantive einer Sprache den Gesamtbestand dessen repräsentieren, was in der Gesellschaft, die diese Sprache spricht, als wohlbestimmtes Objekt gilt. Die Substantive bilden daher die weitaus größte Wortklasse einer Sprache.

[57] *Objekt* nennen wir nicht nur Gegenstände, sondern alles, auf das wir uns erkennend oder handelnd beziehen können. Ein Begriff wie „Gerechtigkeit" z. B. ist kein Gegenstand im üblichen Sinn des Wortes, er existiert aber doch als Objekt unseres Nachdenkens, als etwas, an dem wir unser Handeln orientieren usw.
[58] Vgl. die Erläuterung des Begriffs der *Kennzeichnung* im Abschnitt über die Eigennamen, Nr. 30 ff.

Zur Kennzeichnung war – wie wir gesehen haben – stets der Bezug auf das jeweilige Objekt erforderlich (Referenz). Hierin besteht die wesentliche Funktion des Gebrauchs der verschiedenen *Artikel*.[59] Der Bezug aufs Objekt kann dabei in verschiedener Weise realisiert werden:

1. als Bezug auf ein bestimmtes einzelnes Objekt:
   Der Zug hatte Paris um 6 Uhr verlassen: der [bekannte, vorher erwähnte] Zug, [die Stadt] Paris

2. als Bezug auf ein unbestimmtes einzelnes Objekt:
   Es war an einem schönen Sommertag: ein [nicht weiter gekennzeichneter] Sommertag

3. als Bezug auf eine bestimmte Menge:
   Er trank gern Saarwein, sie bevorzugte Rioja: [nicht näher bestimmter] Wein von der Saar bzw. aus der Rioja.

4. als Bezug auf eine Gattung:
   Der Mensch ist die größte Gefährdung der Natur: [die Gattung] Mensch
   Wasser ist lebensnotwendig: [jede Art von] Wasser

47 Daher gilt

> 4.1 Werden Substantive als Kennzeichnungen verwendet, so werden sie großgeschrieben, auch wenn sie ohne Artikel verwendet werden.[60]

Beispiele:
Jungen, Mädchen, Europäer, Säugetiere, Baum, Wasser, …
Staubsauger, Auto, Computer, …
Gerechtigkeit, Frieden, Begriff, Anweisung, …
Million, Hunderte von …, die Zehn, das Tausend …

Aus dem Grundsatz 3 folgt unmittelbar:

48
> 4.2 Zahlwörter und Indefinitpronomen werden in der Regel kleingeschrieben, auch wenn sie mit einem Artikel verbunden werden.

---

[59] Der Artikelgebrauch gehört also zur Semantik des Substantivs, nicht – wie in der AR (§ 57) fälschlicherweise angenommen – zu seiner Syntax (der Verwendungsweise des Wortes im Kontextes des Satzes). Der Artikelgebrauch dient – jedenfalls im Deutschen – immer zur Bezeichnung einer bestimmten Art von Referenz.

[60] *Substantiv* ist hier als Bezeichnung der Wortklasse verwendet: die Wörter, die ein bestimmtes Genus (grammatisches Geschlecht) aufweisen und dekliniert werden können.

Beispiele:

Die zwei vertrugen sich gut.
Es kamen manche nicht, obwohl alle eingeladen waren.
Der einzelne[61] war in der Menge kaum zu erkennen.
Der dritte[62], der über die Straße kam …
Man sah niemanden auf der Straße.

Aber:

Ein Achtel Wein
Ein Vertrag zu Lasten Dritter

Der Grund für diese Regelung liegt darin, daß Zahlwörter[63] –
zwei, dritte, beide, viele, … –

und Indefinitpronomen –
jemand, kein, mancher, … –

nicht kennzeichnen. Sinn der Kennzeichnung eines Objekts war ja – vgl. Nr. 30 –, dieses Objekt von allen nichtgleichartigen zu unterscheiden, d. h. eben von all denen, auf die die Kennzeichnung nicht anwendbar ist. Aus
Es kamen viele

geht nicht im mindesten hervor, wer oder was da kam: ob z. B. Spieler oder Zuschauer, Reporter oder Züge. Man könnte, was da kam, aufgrund dieser „Bezeichnung" (als viele) nicht von irgendwelchen anderen unterscheiden. Oder man vergleiche
der dritte, der über die Straße kam, … mit:
ein Vertrag zu Lasten Dritter.

Den hier großgeschriebenen Dritten kann man an einem bestimmten Kriterium unterscheiden: es ist ein nicht an dem betreffenden Vertrag Beteiligter. Doch wer oder was da als drittes über die Straße kam – ein Mann, ein LKW, ein Zug Soldaten –, ist dem Wort *dritte* schlechterdings nicht zu entnehmen. Zahlwörter und Indefinitpronomen können vielmehr – im Rahmen bestimmter Einschränkungen – auf beliebige Objekte angewandt werden. Sie kennzeichnen nicht, sondern sie *quantifizieren* gekennzeichnete Mengen, d. h.: sie geben (bestimmt oder unbestimmt) an, um wieviele oder um das wievielte Objekt einer bestimmten Menge es sich im betreffenden Fall handelt.

---

[61] AR: *Der Einzelne*
[62] AR: *Der Dritte, der …*
[63] *Zahlwort* verwenden wir semantisch.

Beispiele:
zwei Kinder, mehrere hundert Zuschauer, der dritte Mann, ...
viele Häuser, manche Bäume, einige Bedenken, wenig Geld, keine Lust, ...

49 **Anmerkung 1:** Die Substantive *die Eins, die Zwei, ..., die Siebenundvierzig, ...* sind keine Zahlwörter, sondern kennzeichnen den betreffenden Zahlbegriff. Sie werden auch nicht zum Quantifizieren verwendet:
Die Eins und die Zwei sind Primzahlen. Aber:
Michael und Susanne spielten. Die zwei amüsierten sich ...

Anmerkung 2: Parallel zu einigen Zahlwörtern existieren Substantive als Maßangaben:
das Hundert, das Tausend;

ohne paralleles Zahlwort:
die Million, die Milliarde, ...

Im Unterschied zu den Zahlwörtern können diese Maßangaben nur entweder mit einem Zahlwort:
drei Millionen, fünfhundert Milliarden, ...

oder aber mit dem bestimmten oder unbestimmten Artikel verwendet werden:
Das Hundert war voll; einige Hundert Zuschauer;
Tausende[64] *von Demonstranten, ...*[65]

In diesen Zusammenhang gehört die – sinnvolle – Regelung

50
> 4.3 Als unbestimmte Zahlwörter verwendete Substantive werden kleinge-schrieben.

Beispiele:
ein bißchen, ein paar, ...

Aber:
eine Menge Leute, eine Reihe von Kunden, ...

51 Es gibt allerdings Fälle, in denen Zahlwörter als Kennzeichnungen verwendet werden – einen hatten wir bereits erwähnt:
ein Dritter (= ein Unbeteiligter)
ein Achtel (= Flüssigkeitsmaß)

---

[64] Im Plural fällt der unbestimmte Artikel weg. Tausende von ... = einige, mehrere Tausend ...
[65] Möglich allerdings auch: *einige hundert Zuschauer, tausende von Demonstranten.*

ein gewisser Jemand (= eine bekannte, hier nicht genauer bezeichnete Person)
der Erste im Staat (= der Ranghöchste)
usw

Hier liegt jeweils eine von der Normalverwendung der betreffenden Zahlwörter bzw. Indefinitpronomen abweichende Verwendungsweise vor, die es gestattet, das betreffende Objekt von nichtgleichartigen anderen zu unterscheiden. Folglich gilt hier die Regelung für die substantivische Verwendung von Nichtsubstantiven (siehe 4.7).

Wir müssen nun die anderen Fälle der Desubstantivierung beschreiben, d. h. Fälle, in denen Substantive nicht oder nicht mehr wie Substantive verwendet werden. Dazu benötigen wir eine weitere Charakterisierung der substantivischen Verwendung von Wörtern. Sie wird formuliert im 52

Grundsatz 4: Substantive können immer als Ergänzung (Subjekt, Objekte) oder als Angabe eines Satzes verwendet werden.

Wir nennen dieses Merkmal von Substantiven ihre *volle syntaktische Verwendbarkeit*.[66]
Beispiele:

Der Abend war schön.	*Der Abend* = Subjekt (Ergänzung 1)
Man erwartete den Abend.	*den Abend* = Akkusativobjekt (Ergänzung 2)
Wir erinnerten uns eines schönen Abends.	*eines schönen Abends* = Genitivobjekt (Ergänzung 4)
Eines Abends gingen wir …	*Eines Abends* = Angabe
Jeden Abend wird getanzt.	*Jeden Abend* = Angabe

Auf der Einschränkung der vollen syntaktischen Verwendbarkeit beruhen alle Fälle von Desubstantivierung, die nicht auf den Grundsatz 3, d. h. das Kriterium der Kennzeichnung zurückgeführt werden können.[67] Einschränkung der Ver- 53

---

[66] Man hat häufig beklagt, daß die Wortart *Substantiv* nicht wie andere Wortarten durch bestimmte syntaktische Verwendungsweisen charakterisiert werden kann, wie z. B. die *Präposition* dadurch charakterisiert ist, daß sie immer mit einem Nomen in einem obliquen Kasus (d. h. Genitiv, Dativ oder Akkusativ) verwendet werden oder das *Verb* durch die Verwendung als finites Prädikat. Genau dieser „Mangel" ist das Charakteristikum des Substantivs. Nichts anderes besagt der Begriff der vollen syntaktischen Verwendbarkeit. Man muß ihn nur hinreichend operationalisieren, d. h. anwendbar machen.
[67] Die Grundsätze 3 und 4 beschreiben zusammen also *den* substantivischen Gebrauch eines Wortes.

wendbarkeit heißt, daß der Gebrauch des betreffenden Wortes an bestimmte Kontexte gebunden wird. Darauf beruht jede Desubstantivierung:

Substantiv:	Kontext:
Grund	*aufgrund des/der*
Gang	*ingang setzen/kommen*
Frage	*infrage stellen/kommen*
Hand	*überhand nehmen*
Dank	*dank des/der …*

Weder *Grund* noch *Gang* usw. können in diesen besonderen Kontexten z. B. noch mit einem Artikel verbunden werden, obwohl alle diese Substantive im Singular normalerweise nie ohne Artikel verwendbar sind.[68] Da die Bestimmung der Wortart immer eine Folgerung aus der „typischen" syntaktischen Verwendung des betreffenden Wortes ist, verliert das betreffende Substantiv in einem Kontext, der seine „normale" syntaktische Verwendbarkeit einschränkt, die Substantiveigenschaft. Es bildet sich ein neues Wort, das mit dem ursprünglichen Substantiv noch die Form gemein hat – *Abend* : *abend*[69] bzw. *abends* – oder aber ein zusammengesetztes Wort, in dem die Form des betreffenden Substantivs als Teil vorkommt:

überhand, aufgrund, eislaufen, kopfrechnen, staubsaugen, …[70]

54 Das Kriterium der vollen syntaktischen Verwendbarkeit muß allerdings – soll es hinreichend „trennscharf" sein – noch entsprechend handhabbar gemacht werden. Eine brauchbare Probe, ob es gegeben ist, besteht darin zu prüfen, ob das betreffende Wort in derselben Bedeutung als Subjekt (Ergänzung 1) verwendet werden kann, denn zur vollen syntaktischen Verwendbarkeit von Substantiven zählt immer ihre Verwendung als Subjekt eines Satzes. Kann ein Wort nicht (mehr) als Subjekt verwendet werden, dann ist die volle syntaktische Verwendbarkeit ganz sicher nicht mehr gegeben. Einige Beispiele:

*Die Anlage wurde in Betrieb genommen. (*Denn man kann fortfahren:
Der Betrieb funktionierte reibungslos.)
Dagegen: *Die Anlage wurde ingang gesetzt. (*Denn man kann nicht fortfahren:
Der Gang …)

---

[68] Dieses Argument spricht z. B. für die Schreibweise *infrage stellen* – statt: *in Frage stellen*.
[69] In *heute/gestern abend* usw. kann *abend* nicht Substantiv sein, denn es ist Rechtsattribut zu *gestern*. *gestern* ist Adverb. Ein Substantiv ohne Artikel im Nominativ kann niemals Rechtsattribut eines Adverbs sein: *gestern den ganzen Tag lang, gestern tagsüber, gestern am Tag*, aber nie: *gestern Tag*. Die neue Schreibweise nach der AR: *gestern Abend/Morgen/Mittag* ist daher grammatisch falsch.
[70] Mit der Neuregelung *Eis laufen* hat man daher schlicht und ergreifend ein Wort der deutschen Schriftsprache gestrichen – etwas, was nicht „geht".

Ebenso: *Die Völlerei nahm überhand.* (Denn man kann sich hier nicht sinnvoll auf eine Hand beziehen: *Die Hand …*)
Oder: *Er wurde dank der Hilfe der Nachbarn gerettet. Der Dank … (??)*

Also gilt: **55**

> 4.4 Als Adverbien oder Präpositionen verwendete Substantive werden kleingeschrieben.

Beispiele:
Ich komme anfangs des Monats.
Sie stand mitten im Saal.
Er überlebte dank der schnellen Hilfe.

Aus dem Grundsatz 4 ist auch die folgende Regel abzuleiten: **56**

> 4.5 Als Prädikatsadjektive ohne Andeutung des grammatischen Geschlechts verwendete Substantive werden kleingeschrieben.

Beispiele:
Mir ist angst.
Sie war an allem schuld.
Er hatte mit seiner Annahme recht.

Weder *angst* noch *schuld* noch *recht* können hier mit dem Artikel verbunden werden. Dies zeigt die Negation:
Mir ist nicht angst.
Sie war nicht schuld.
Er hatte mit seiner Annahme nicht recht.[71]

Daher können diese Wörter in ihrer besonderen Bedeutung nicht als Subjekt verwendet werden, denn dies erfordert immer die Möglichkeit, den Artikel verwenden zu können.
Aber:
Sie hatte daran keine Schuld.
Er hatte kein Recht auf einen Anteil.
Er hatte Unrecht.[72]

---

[71] Nicht: *…keine Angst, keine Schuld, kein Recht*.
[72] Ein „klassischer" Grenzfall: Einerseits würde man auch hier die Negation mit *nicht* formulieren: *Er hatte nicht Unrecht*. Andererseits ist die Bildung *Un…* typisch für Substantive. Vertretbar wäre auch die Schreibweise: *… unrecht*.

57 Auf einer ähnlichen Desubstantivierung beruht:

> 4.6 In festen Verbindungen von Substantiv und Verb wird das Substantiv in der Regel kleingeschrieben. Bei festen Verbindungen von Präpositionalausdruck (Präposition + Substantiv) und Verb wird der Präpositionalausdruck in der Regel zusammen- und kleingeschrieben.

Beispiele:
Das tut not; das tat ihm leid[73] usw., auch:
eislaufen, hohnlachen, kopfrechnen[74]
radfahren (aber: er fährt gern Rad)
instand setzen, überhand nehmen, ingang kommen, zuwege bringen, zunutze machen, zutage treten, beiseite stehen, ...

Anmerkung: In der Regel ist also die Desubstantivierung mit einem Bedeutungswandel verbunden, man vergleiche
Er konnte vor Kraft kaum laufen mit
kraft seines Amtes, oder
Er hatte mit dieser Annahme nicht recht mit:
Das Recht auf Arbeit

Es gibt hier allerdings eine Reihe von Grenzfällen wie
...hat Unrecht; infrage/in Frage stellen usw.,

die eindeutig nicht entschieden werden können. Das liegt in der Natur der Sache.[75] Also gilt der

58 | **Grundsatz 5**: Im Zweifelsfall schreibe man klein.

Damit haben wir die Fälle der Desubstantivierung abgehandelt und kommen nun zu den Fällen der Substantivierung. Die Hauptregel ergibt sich unmittelbar aus den Grundsätzen 3 und 4:

59 > 4.7 Nichtsubstantive werden großgeschrieben, wenn sie
> als Kennzeichnungen verwendet werden und
> im Sinne des Grundsatzes 4 syntaktisch voll verwendbar sind.

---

[73] AR: *... tut Not, ...tut Leid* – Regelungen, die selbst der Systematik der AR widersprechen (vgl. § 57).
[74] AR: *Eis laufen*, aber: *hohnlachen, kopfrechnen*.
[75] Das Auftreten solcher Grenzfälle ist kein Versagen einer Regelung. Selbst für einen so klaren Begriff wie *Hauptstadt* gibt es solche Grenzfälle: Was war im Jahr 1997 die Hauptstadt der Bundesrepublik Deutschland? Theoretisch Berlin, aber praktisch immer noch

Merkmale des Gebrauchs von Substantiven wie
- vorausgehender Artikel,
- Andeutung des grammatischen Geschlechts oder einer Pluralform,
- vorausgehendes oder nachgestelltes Attribut oder
- Kasusmarkierung

können zwar bei Nichtsubstantiven Hinweise auf eine Substantivierung sein, doch sind diese Merkmale einerseits nicht notwendig, wie Schreibweisen wie
ohne Wenn und Aber; Anzeige gegen Unbekannt[76]

zeigen. Andererseits sind sie aber auch nicht hinreichend, man betrachte etwa
dem nächsten, der kam, ...; bei so manchen, die ...,

wo einige oder sogar alle genannten Merkmale erfüllt sind und wo dennoch nicht großgeschrieben wird (hier, weil es sich um Zahlwörter handelt).[77] Wo jedoch eine Verbindung mit einer Artikelform nicht möglich ist, ist dies in der Regel ein Indiz dafür, daß die volle syntaktische Verwendbarkeit nicht mehr gegeben ist. Man vergleiche etwa
(1) *ohne Wenn und Aber; da half kein Wenn und Aber* mit
(2) *jung und alt; arm und reich; durch dick und dünn; ...*[78]

Die feststehenden Wendungen in (2) können in ihrer jeweiligen Bedeutung nicht mit einem Artikel verbunden werden. Dies würde auch eher für eine Schreibung *auf biegen und brechen* sprechen statt (alt und neu) *auf Biegen und Brechen*. Entscheidend für die Substantivierung sind also die beiden Kriterien der *Kennzeichnung* und der *vollen syntaktischen Verwendbarkeit*.

Beispiele:
Das Ich ist ein wichtiger Begriff bei Freud.
Sie störten ihre Nachbarn mit lautem Singen.
Es gibt überall Gute und Böse.
Sie erörterten das Für und Wider.

Bonn. Man muß also die Regeln so klar formulieren, daß die Grenzfälle minimiert werden. Ist jedoch eine Regelung in sich widersprüchlich, dann produziert sie unentscheidbare Fälle in Hülle und Fülle. Dies ist – leider – bei der AR der Fall.

[76] AR: *...gegen unbekannt.*

[77] Hier weist die AR den bereits erwähnten grundlegenden Widerspruch auf, der die ganze Substantivregelung zur Makulatur degradiert: In § 57 werden diese Merkmale als hinreichende Bedingungen der Großschreibung definiert, im folgenden § 58 jedoch als nicht hinreichende.

[78] AR: *Arm und Reich, Jung und Alt*, aber: *durch dick und dünn*. Auch hier gibt es Grenzfälle: *Anzeige gegen Unbekannt : nach unbekannt verzogen* (alte Regelung, die man aber vertreten kann).

Es fehlte die Luft zum Atmen.
Das Lernen war nicht eben seine Stärke.
Faszinierendes Bergsteigen …
Im Kopfrechnen war er schwach.

Aber:
Sie verbrachten die Nacht mit singen und beten.
Er begann wieder zu atmen.
… aber lernen war nicht eben seine Stärke.
… weil bergsteigen Spaß macht.
… weil er schon immer gut kopfrechnen konnte.
Man muß zwischen gut und böse zu unterscheiden wissen.
Auf biegen und brechen, mit hängen und würgen.[79]

60   **Anmerkung 1:** Die Regel 4.7 gilt nicht für Anführungen (Zitate):
Sein „danke" kam von Herzen.
Die Arbeit wurde mit „gut" bewertet.
Die Note „ausreichend"[80]

Anmerkung 2: Insbesondere bei Farbbezeichnungen und Noten (Zensuren) ist zu berücksichtigen, daß es hier jeweils parallele Adjektiv- und Substantivformen gibt:
blau, das Blau; daher auch: *die Farbe Blau*
In Deutsch hat er ein Gut (ein „gut", s. o.) erhalten; die Note Ausreichend („ausreichend")

61   **Anmerkung 3:** Für die Schreibung von Einzelbuchstaben lassen sich keine festen Regeln angeben. Es haben sich folgende Schreibweisen eingebürgert:
Das A ist der erste Buchstabe des Alphabets.
Jemandem ein X für ein U vormachen.
Das a in abends wird kleingeschrieben. Besser:
Das „a" in „abends" wird kleingeschrieben.
Wer A sagt, muß auch B sagen.
X-Beine; V-Ausschnitt; S-Kurve; Blutgruppe A; das X-fache; aber:
(in der Mathematik) *das n-fache*
A-Dur, Des-Dur; aber: *a-Moll, cis-Moll*

62   Die *Verben* haben wir in den Beispielen oben bereits hinreichend behandelt. Für *Infinitive* gilt die Faustregel, daß sie regelmäßig großgeschrieben werden, wenn

---

[79]   Alte Duden-Regelung: *Auf Biegen und Brechen, mit Hängen und Würgen.*
[80]   Der Grund: die Anführung storniert die Kennzeichnungsfunktion.

sie mit einem Artikel oder einem Attribut verbunden sind. Werden sie ohne eine solche formale Markierung verwendet wie in den Beispielen ... *weil lernen nicht seine Stärke war* ... oder ... *weil bergsteigen Spaß macht* ..., so wäre hier Groß- oder Kleinschreibung möglich, nach dem Grundsatz jedoch, im Zweifelsfall kleinzuschreiben, ist hier die Kleinschreibung zu empfehlen.

Alle anderen Wortarten und sonstigen Substantivierungsfälle können im folgenden kurz abgehandelt werden. Hauptsächlich handelt es sich dabei um *Adjektive* und *Partizipien*:

4.8 Adjektive und Partizipien werden niemals großgeschrieben, wenn sie als Attribute auf ein aus dem Kontext zu ergänzendes Substantiv bezogen werden können, auch wenn ihnen ein Artikel vorhergeht.	**63**

Der Grund dieser Regel ist klar: Diese Wörter werden hier ja nicht als Substantive verwendet, sondern als attributive Adjektive, d. h. in der normalen Verwendung von Adjektiven. Man kann dies daran erkennen, daß der vorausgehende Artikel das grammatische Geschlecht des zu ergänzenden Substantivs andeutet. Beispiele:

Viele Schüler waren da. Die älteren langweilten sich.
Mehrere Texte standen zur Debatte. Der wichtigste war ...
So verging das Jahr. Im folgenden sollte sich vieles tun.
Sie war die beste[81] von allen, die vorgespielt hatten.

Ein guter Beleg für die Auffassung, daß die volle syntaktische Verwendbarkeit tatsächlich charakteristisch für das Substantiv ist, ist die traditionelle Regel:

4.9 Adjektive und Partizipien in unveränderlichen Wendungen oder festen Verbindungen mit Verben werden kleingeschrieben.	**64**

Beispiele:
jung und alt; durch dick und dünn; auf dem laufenden bleiben; im großen und ganzen[82], ...

Auch diese Fälle sind ja durch die Einschränkung der syntaktischen Verwendbarkeit und eine damit zusammenhängende Veränderung der Bedeutung gekennzeichnet. Und es ist einsichtig, daß derselbe Grund, der Desubstantivierung bewirkt, eine Substantivierung verhindert.

---

[81] AR: *die Beste.*
[82] AR: *Jung und Alt, auf dem Laufenden bleiben, im Großen und Ganzen* (aber: *durch dick und dünn*[!]).

Anmerkung: Gelegentlich haben sich Substantive nur noch in festen Verbindungen erhalten. Hier ist Großschreibung dann zu empfehlen, wenn sie mit einem heute noch gebräuchlichen Substantiv kombiniert werden:

Mit Fug und Recht, auf Treu und Glauben, in Saus und Braus, ...
Aber: *auf gedeih und verderb*[83]

65   Aus demselben Grund wie 4.9 gilt:

4.10 Metaphorisch (d. h. in übertragenem Sinn) oder adverbial verwendete Adjektive oder Partizipien werden kleingeschrieben.

Beispiele:

Das beste ist, wir verschwinden. (= Es ist am besten, ...)
Mit seiner Vermutung traf er ins schwarze.
Sie kommt im allgemeinen (= normalerweise) *nie vor 5 Uhr.*
Er hat heute im wesentlichen (= hauptsächlich) *gefaulenzt.*[84]

Hier können *besten, beste, schwarze, allgemeinen, wesentlichen* nur in der jeweiligen Verbindung verwendet werden, nie dagegen als Subjekt. Entsprechendes gilt natürlich für alle Superlativformen wie
am besten, am kleinsten, am höchsten usw.

66

4.11 Wie Pronomen oder Zahlwörter verwendete Adjektive oder Partizipien werden kleingeschrieben.

Beispiele:

jeder beliebige, alles mögliche (= so manches)[85]

67   Weitere Wortarten wie *Adverbien, Konjunktionen* oder *Interjektionen* können kurz abgehandelt werden:

das Jetzt; nach vielem Hin und Her, mit lautem Weh und Ach, ein entschiedenes Sowohl-Als-auch[86]

---

[83] Alte Duden-Regelung: *auf Gedeih und Verderb.*
[84] AR: *Das Beste, ins Schwarze, im Allgemeinen, im Wesentlichen.*
[85] AR: *jeder Beliebige, alles Mögliche* usw.
[86] AR: *Sowohl-als-auch.*

Abweichend von der alten Duden-Regelung empfehlen wir:

> 4.12 Das erste Wort einer substantivierten Durchkoppelung wird großgeschrieben.[87]

Beispiele:
das In-den-Tag-hinein-leben
das andauernde In-Anspruch-nehmen[88]

Der Grund ist einfach: Substantiviert wird hier der gesamte Ausdruck. Innerhalb dessen bleiben auch hier die Verben Verben.

Bei fremdsprachigen substantivischen Wortgruppen ist keine generelle Regelung möglich. Als Faustregel empfehlen wir – in Analogie zu 4.12 –:

> 4.13 Bei fremdsprachigen substantivischen oder substantivierten Wortgruppen wird in der Regel das erste Wort großgeschrieben.

Beispiele:
Angina pectoris, Make-up, Advocatus diaboli, Afro-look, …

Die Neuregelung der Substantivschreibung nach der Amtlichen Regelung

> 1. Substantive schreibt man groß.
> 2. Substantive, die nicht substantivisch verwendet werden, schreibt man klein.
> 3. Nichtsubstantive, die wie Substantive verwendet werden, schreibt man groß Substantivische Verwendung eines Wortes liegt dann vor, wenn mindestens eines der folgenden drei Merkmale erfüllt ist:
>   3.1 dem Wort geht ein Artikel voraus;
>   3.2 das Wort ist mit einem vorausgehenden oder nachgestellten Attribut verbunden;
>   3.3 das Wort ist als Satzglied oder Attribut kasusmarkiert.
> 4. In bestimmten Fällen werden Nichtsubstantive kleingeschrieben, auch wenn sie eine der Bedingungen (3.1), (3.2) oder (3.3) erfüllen.

---

[87] Kommt in einer solchen Durchkoppelung ein Substantiv oder Eigenname vor, so wird dieser natürlich auch großgeschrieben.
[88] Alte Duden-Regelung und AR: *das In-den-Tag-hinein-Leben*, *das In-Anspruch-Nehmen*.

Beispiele[89] (in der Klammer hinter der Neuschreibung geben wir jeweils die Regel an, auf die die betreffende Schreibung in der AR zurückgeführt wird. Ob dies richtig oder falsch ist, kommentieren wir hier nicht):

alt	neu
gestern abend	gestern Abend (1)
sich in acht nehmen	sich in Acht nehmen (1)
der achte, der …	der Achte, der … (3.1)
und ähnliches (*Abk.* u. ä.)	und Ähnliches (*Abk.* u. Ä.) (3.3)
im allgemeinen (*Abk.* i. a.)	im Allgemeinen (*Abk.* i. A.) (3.3)
… bleibt beim alten …	… bleibt beim Alten … (3.3)
alt und jung	Alt und Jung (3.3)
etwas anderes	etwas anderes, etwas ganz Anderes (3.3)
auf das, aufs äußerste	auf das, aufs Äußerste/äußerste (3.3)
bankrott gehen	Bankrott gehen (1)
jeder beliebige	jeder Beliebige (3.1)
… es ist das Beste, was wir haben	… das Beste … (3.1)
der erste beste	der erste Beste (3.1)
bravo rufen	Bravo rufen (1)
in deutsch/in Deutsch	in Deutsch (1)
auf deutsch	auf Deutsch (1)
der dritte, der …	der Dritte … (3.1)
im dunkeln tappen (= sich ungewiß sein)	im Dunkeln tappen (3.3)
Dutzende von Leuten	dutzende/Dutzende … (1)
der einzelne	der Einzelne (3.1)
als einziges	als Einziges (3.3)
feind sein, bleiben, werden	Feind sein, bleiben, werden (1)
im folgenden	im Folgenden (3.3)
im großen und ganzen	im Großen und Ganzen (3.3)
das gleiche	das Gleiche (3.1)

[89] Vgl. die vollständige Liste der neuen Schreibungen im Kapitel *Die Regeln im Überblick*, S. 19 ff. Beispiele für die Regel (4) kommen hier nicht vor, da die auf diese Regel (AR § 58) zurückgeführten Schreibweisen mit den herkömmlichen übereinstimmen. Die Neuregelung läuft daher auf eine massive Ausdehnung der Großschreibung hinaus, was umso erstaunlicher ist, als die dafür dingfest gemachten Gründe auch nach der Systematik der AR für eine Großschreibung weder notwendig noch hinreichend sind. Der Leser/die Leserin sei hier um Verständnis gebeten: Diesen Widerspruch kann man nicht erklären, er geht auf das Konto derjenigen, die diese Regeln formuliert haben. Man kann ihn bestenfalls als solchen beschreiben.

das läuft auf das gleiche hinaus	… das Gleiche … (3.1)
guten Tag sagen	guten/Guten Tag sagen (?)
der hunderste, der …	der Hundertste … (3.1)
leid tun	Leid tun (1)
ein paar dutzend mal	ein paar dutzend Mal (1)
sein möglichstes tun	sein Möglichstes … (3.3)
der nächste, der …	der Nächste … (3.1)
das tut not	…tut Not (1)
recht haben, bekommen, tun, …	Recht haben, … (1)
schuld sein, geben, haben	Schuld geben, haben (1)
	aber: schuld sein (2)
ein solches ist …	ein solches/Solches … (3.1)
das Sowohl-Als-auch	das Sowohl-als-auch (3.1)
im übrigen (*Abk.* i. ü.)	im Übrigen (*Abk.* i. Ü.) (3.3)
Anzeige gegen Unbekannt	… unbekannt (2)
… es kamen ungezählte	… Ungezählte (3.3)
unrecht bekommen, haben	Unrecht … (1)
um Viertel acht	um viertel acht (2) (*aber:* Viertel vor acht) (1)
im vorhinein	im Vorhinein (3.3)
aus schwarz weiß machen	aus Schwarz Weiß … (1)
des, im weiteren	des, im Weiteren (3.3)

Alphabetische Wortliste

Vorbemerkung

Die alphabetische Wortliste enthält in erster Linie die Zweifelsfälle der Groß- und Kleinschreibung, die in der Datensammlung des Grammatischen Telefons erfaßt wurden. Die Zahlen verweisen auf die Kennummern. Sind zu einem Fall mehrere Beispiele aufgeführt, steht die Kennummer hinter dem letzten. In den Beispielen berücksichtigen wir die Regel Nr. 25 nicht: Das erste Wort wird grundsätzlich klein geschrieben, sofern es nicht aufgrund einer der Regeln Nr. 39 ff. groß zu schreiben ist. Neuschreibungen nach der Amtlichen Regelung sind jeweils hinter der „alten" Schreibweise in Klammern und rot aufgeführt, z. B.: *gestern abend* (AR: *gestern Abend*).

Sollte der in Frage stehende Einzelfall in der alphabetischen Wortliste nicht aufgeführt sein, so empfehlen wir dem Leser/der Leserin, analog zu den aufgeführten Beispielen zu verfahren; dazu die folgenden Hinweise:

Adjektive: Zur Groß- und Kleinschreibung von Adjektiven vgl. *allgemein, beste, groß, trocken* und die Regeln Nr. 59 und 63 bis 66.
Zur Groß- und Kleinschreibung von Adjektiven als Bestandteilen von Eigennamen, Titeln und Berufsbezeichnungen vgl. *amtlich, silbern, neu* und die Regel Nr. 40.
Zur Groß- und Kleinschreibung von Eigennamen (Personen- oder geographischen Namen) abgeleiteten Adjektiven vgl. *Platon, Rheingau, Schweiz* und die Regel Nr. 22.

Anredepronomen: Zur Groß- und Kleinschreibung von Anredepronomen vgl. *dich, euch, ihr* und die Regel Nr. 26.

Einzelbuchstaben: Zur Groß- und Kleinschreibung von Einzelbuchstaben vgl. *a, A-Dur, a-Moll* und Nr. 61.

Einzelwörter: Zur Groß- und Kleinschreibung von Einzelwörtern vgl. *ausreichend* und Nr. 60.

Farbbezeichnungen: Zur Groß- und Kleinschreibung von Farbbezeichnungen vgl. *Blau/blau* und die Regeln Nr. 47, 60, 63, 64 und 65.

Pronomina und unbestimmte Zahlwörter: Zur Groß- und Kleinschreibung von Pronomina und unbestimmten Zahlwörtern vgl. *all, einzeln, andere, einige* und die Regel Nr. 48.

Sprach- und Nationalitätsbezeichnungen: Zur Groß- und Kleinschreibung von Sprach- und Nationalitätsbezeichnungen vgl. *Deutsch/deutsch* und die Regeln Nr. 47 , 59 und 63 .

Substantive: Zur Groß- und Kleinschreibung von Substantiven in Substantiv-Verb-Verbindungen vgl. *in acht nehmen, achtgeben* und die Regel Nr. 57 .
Zur Groß- und Kleinschreibung von Substantiven, die als unbestimmte Zahlwörter verwendet werden, vgl. *paar* und die Regel Nr. 50 .
Zur Groß- und Kleinschreibung von Substantiven, die als Adverbien oder Präpositionen verwendet werden, vgl. *abend, mittag, dank* und die Regel Nr. 55 .
Zur Groß- und Kleinschreibung von Substantiven, die als Prädikatsadjektive verwendet werden, vgl. *Angst, Klasse* und die Regel Nr. 56 .

Substantivierte Durchkoppelungen: Zur Groß- und Kleinschreibung substantivierter Durchkoppelungen vgl. *das Auf-den-Kopf-stellen, das Sowohl-als-auch* und die Regel Nr. 68 .

Fremdsprachige substantivische oder substantivierte Wortgruppen: Zur Groß- und Kleinschreibung fremdsprachiger substantivischer oder substantivierter Wortgruppen vgl. *Numerus clausus, Tête-à-tête* und die Regel Nr. 69 .

Verben: Zur Groß- und Kleinschreibung von Verben vgl. *abkühlen, abschalten* und die Regel Nr. 59 und im Text Nr. 70 .

Zahlen: Zur Groß- und Kleinschreibung von Zahlen vgl. *acht, erste, tausend, zehntel* und die Regel Nr. 48 .

Abweichende Empfehlungen: In den Fällen, in denen wir in der älteren Regelung eine vom Duden abweichende Empfehlung gegeben haben, wurde dies ausdrücklich vermerkt, z. B.:
Aachen: *der Aachener Bürgermeister* (Empfehlung: *der aachener Bürgermeister* 23).

Wortliste

a: das a in abends wird klein geschrieben, das A in Aachener dagegen groß; das A war unsauber gesungen; das Stück war in A-Dur, nicht in a-Moll; man wußte nicht, ob der Verunglückte die Blutgruppe A oder AB hatte 61

a conto

a dato

à la carte

à la mode

Aachen: der Aachener Bürgermeister (Empfehlung: der aachener Bürgermeister 22); die Aachener hatten sich lange auf dieses Ereignis vorbereitet 59

ab Lager: die Lieferung ist frei ab Lager 47

Abbruch tun: der fehlgeschlagene Versuch tat dem Unternehmen keinen Abbruch 47

Abend: am Abend des folgenden Tages war sie wieder fit 47

abend: gestern abend (AR: gestern Abend) 55 beschloß er, vom heutigen Abend 47 an nur noch spätabends zu arbeiten, denn abends konnte er sich am besten konzentrieren 55

abendländisch: er schrieb ein Buch über die abendländische Kultur 34

abends: Dienstag abends (AR: dienstagabends/dienstags abends)

aber: da half ihr kein Wenn und Aber; ohne Wenn und Aber 59

aberhundert (AR: aberhundert/Aberhundert)

Aberhunderte (AR: aberhunderte/Aberhunderte)

Abfolge: die Veranstaltungen finden in Abfolge der genannten Termine statt 47

abhanden kommen: die entliehenen Bücher sind abhanden gekommen 57

abkühlen: der Tortenboden steht zum Abkühlen auf dem Tisch; ohne abkühlen zu verarbeiten 59

abschalten: nicht abschalten können; abruptes Abschalten ist zu vermeiden 59

abseits: der Schiedsrichter stand abseits (= weit weg), als er Abseits pfiff; der Spieler stand im Abseits 47

abzeichnen: reine Büroarbeit, d. h. Kontrolle und abzeichnen diverser Belege 59

abzugsfähig: es handelt sich dabei um abzugsfähige Einnahmen

Accent aigu 69

ach: die Kinder schrien ach und weh; alles Ach und Weh half ihnen nichts 59; mit Ach und Krach (Empfehlung: mit ach und krach 64)

acht: acht dividiert durch acht ist eins; die acht Kinder; alle acht; bei acht von ihnen; deine acht (Kinder); die acht letzten; die letzten acht; diese acht; es sind acht; acht zu vier (8:4); ein Viertel acht (Uhr) (AR: ein viertel acht); acht subtrahieren 48

Acht: außer acht lassen; in acht nehmen 57 (AR: außer Acht lassen; in Acht nehmen); außer aller (der) Acht lassen 47; in Acht und Bann tun 64

Acht: die Zahl Acht; eine Acht schreiben; mit der Acht (Buslinie) fahren 47

achte: der achte sein; jeder achte 48 (AR: der Achte ...; jeder Achte 70); der Achte des Monats 47

achtgeben: er gab acht; obwohl er achtgab 57

achthaben: sie hatte acht auf alles, was er tat 57

achtmal: der Titel wurde achtmal verkauft; aber: acht mal zwei

Achtzig/achtzig: auf die Achtzig zugehen; in den Achtzigern sein (AR: auf die achtzig ...; in den achtzigern sein 70); ich bedanke mich für die Glückwünsche zum Achtzigsten 47; er war ein Mann um die achtzig; eine achtziger Briefmarke; in den achtziger Jahren (des vorigen Jhs.); aber: in den Achtzigerjahren (über 80 Jahre alt); jemanden auf achtzig schätzen 48

ad absurdum

ad acta

ad infinitum

ad libitum

ad notam

ad rem

ad usum

ade sagen 60 (AR: Ade sagen/ade sagen 70)

adidas-Turnschuhe

adieu sagen (AR: Adieu sagen/adieu sagen 70)

Advocatus Diaboli (Empfehlung: Advocatus diaboli 69) (AR: Advocatus Diaboli)

Afro-Look (Empfehlung: Afro-look 69)

After-shave-Lotion 69 (AR: Aftershavelotion)

Agent provocateur 69

aha: aha, so ist das; ein lautes Aha 59

ähnlich: aufstellen von Tabellen und ähnlichem; oder ähnliches (o.ä.) 63 (AR: ... und Ähnlichem; oder Ähnliches [Abk. o. Ä.] 70); ich glaube, daß Sie Ähnliches empfinden 59

Ähren lesen: beim Ährenlesen 59

Air-conditioner/Air-conditioning 69 (AR: Airconditioner; Airconditioning)

akademisch: akademischer Oberrat 34

all ...: alle kamen; vor den Blicken aller; alles aussteigen; alles auf einmal; bei allem; das alles; einer für alle und alle für einen; Mädchen für alles; er fügt sich in alles; wir andern alle; euch allen wünschen wir; sie alle 48; alles beliebige; alle folgenden (anderen); alles folgende (andere) (AR: alle Folgenden; alles Folgende 70); aber: alles unten Folgende; alles mögliche (viel, allerlei) (AR: alles Mögliche 70); aber: alles Mögliche (alle Möglichkeiten); wir werden alles in unseren Kräften Stehende tun

allerbeste: zu diesem Jubelfeste wünschen wir das Allerbeste 59; es ist das allerbeste, wenn … (AR: … das Allerbeste 70)

allerchristlichste: die Allerchristlichste Majestät (hist. Titel der frz. Könige) 50

allerhand: auf allerhand vorbereitet sein

allerschlimmste: Hunde sind das Allerschlimmste 59

allgemein: es wurde Allgemeines, Vielfältiges und Buntes zusammengetragen; das Allgemeine und das Besondere 59; ich bin am Club im allgemeinen interessiert; im allgemeinen eine Sache gut machen (AR: im Allgemeinen; sich am allgemeinsten ausdrücken 65); aber: sich bei einer Rede nur im Allgemeinen bewegen; sich am Allgemeinen orientieren 59

alltags: nur alltags hat er Zeit 55

als ob: die Philosophie des Als-ob 59; die Als-ob-Philosophie 68

alt: Rudi, der ältere von beiden; die Leute des Dorfes, alte und junge, arme und reiche standen dabei 63; es trafen sich alt und jung 64; es bleibt beim alten; aus alt wird neu 65 (AR: ganz der Alte; beim Alten bleiben; Alt und Jung 70)

Alter ego 69 (AR: Alter Ego 70)

alters: von alters her; seit alters 55

Amen/amen: das Amen in der Kirche sprechen; sein Amen geben 47; zu allem ja und amen sagen 60 (AR: Ja und Amen sagen 70)

amtlich: das amtliche Kursbuch 34; das Amtliche Fernsprechbuch 40

An- und Von-Bord-Gehen (Empfehlung: das An-und-Von-Bord-gehen 68)

anbetracht: in Anbetracht der Tatsache, daß … 55 (Empfehlung: in anbetracht)

ander …: alles andere; die beiden anderen; wir anderen; kein anderer; er kannte auch den anderen nicht; von sich auf andere schließen; ein Wort gibt das andere; ein anderer; zum einen – zumanderen; jeder soll sich so verhalten, daß andere nicht gestört werden; etwas anderes gehört haben (AR: etwas Anderes/anderes 70); und andere mehr 48; andere Bekannte; anderes Wichtige

Anfang: Anfang Januar; von Anfang an 47

anfangs: er war anfangs damit nicht einverstanden 55

angesichts: ihm wurde angesichts der Kosten flau in der Magengegend 55

angewandt: die angewandte Mathematik; Institut für Angewandte Mathematik der RWTH 40

Angina pectoris 69

Angst/angst: Angst bekommen/kriegen/haben; angst machen (Empfehlung: Angst machen, wegen: das macht mir keine Angst) (AR: Angst machen); in Angst sein/geraten; vor Angst vergehen 47; den beiden wurde angst und bange 64; angst sein/werden; ihm wird nicht angst 56; aber: er hat keine Angst 47

anhand: anhand der Unterlagen 55

ansprechen: ein günstiger Zeitpunkt zum Ansprechen des Kunden 59

anstatt 55

anstelle: er ging anstelle seines Bruders 55

antik: die antike Philosophie 34
Antwort: Antwort erhalten 47
Après-Ski-Kleidung (Empfehlung: Après-ski-Kleidung 69)
arg: im argen liegen 64 (AR: im Argen liegen 70)
arm: es kamen arm und reich (AR: Arm und Reich 70); die Kluft zwischen Arm
    und Reich (Empfehlung: die Kluft zwischen arm und reich 64); aber: es kamen
    Arme und Reiche 59
atmen: Luft zum Atmen 59
auf seiten: auf seiten der Demonstranten 55
auf: das Auf und Ab 59; sie gingen auf und ab
Auf-den-Kopf-Stellen (Empfehlung: das Auf-den-Kopf-stellen 68)
aufgrund: aufgrund zahlreicher Zeugenaussagen 55
auftreten: das Auftreten der Mitarbeiter 59
ausgabenorientiert
ausgabeseitig
ausgangs: ausgangs des Gebäudes 55
ausreichend: er erhielt ein „ausreichend" auf seinem Zeugnis; er erhielt die Note
    Ausreichend (auch: die Note „ausreichend") 60
außen: von außen her; die Farbe für außen; er spielte außen
äußerst: auf das äußerste (höchst/sehr) erschrocken sein 65 (AR: aufs Äußerste/
    äußerste 70); das Äußerste (das Schlimmste) befürchten 59
außerstande: ich bin außerstande, … 56 (AR: außerstande/außer Stande 70)
Auto fahren: wir fahren Auto 47; wir sind Auto gefahren
Auto-Cross

Bad Homburg: die Bad Homburger Hotels (Empfehlung: die bad-homburger Ho-
    tels 23)
bahamabeige: passend zu der Sanitärfarbe Bahamabeige 47; das Becken war
    bahamabeige
bald: auf bald 65
Bange: keine Bange haben 47; aber: den beiden war angst und bange 56
Bankrott/bankrott: Bankrott machen 47; bankrott gehen 57 (AR: Bankrott gehen
    70)
bar: ich zahle in bar 59
Basic English (Empfehlung: Basic english 69)
Bausch: in Bausch und Bogen 64
bausparen: lohnt sich bausparen noch?; das Bausparen 59
Beat generation 69 (AR: Beatgeneration)
bedauern: zu unserem Bedauern müssen wir Ihnen mitteilen, … 59
bedeutend: um ein bedeutendes größer 66 (AR: um ein Bedeutendes 70)
befriedigend: Zeugnisnoten vgl. ausreichend

beide: die beiden müssen weg; Euch beiden herzliche Grüße 48

beileibe: das ging beileibe nicht 55

beiseite: beiseite legen/stellen/schieben 57

beizeiten: sie ging beizeiten 55

beliebig: ein beliebiger; einige beliebige; jeder beliebige 66 (AR: ein Beliebiger; jeder Beliebige 70)

bergsteigen: er mochte bergsteigen nicht; das Bergsteigen 59

Bescheid: Bescheid erhalten 47

besondere: das Besondere daran war, ... 59; im besonderen 65 (AR: im Besonderen 70)

besorgen: mit dem Besorgen der Karten 59

besprochen: das mündlich Besprochene wurde mitgeteilt 59

besser: sie suchte sich das Bessere aus 59; es wäre besser ...

beste: der Beste in der Klasse sein; wir wünschen Euch das Beste; sein Bestes geben/tun; zu seinem Besten gereichen; es war das Beste, was er je gesehen hatte; ein Glas vom Besten; sie verlangt das Beste, was die kleine Nixe besitzt 59; jemandem zum besten dienen/gereichen; es gelang nicht zum besten; jemanden zum besten haben; etwas zum besten geben; es ist das beste, wenn du dich entschuldigst; sich zum besten wenden; nicht zum besten stehen 65 (AR: zum Besten dienen/gereichen, es gelang nicht zum Besten, zum Besten haben, etwas zum Besten geben, nicht zum Besten stehen 70); die Jury hat die Bilder ausgewertet; die besten werden prämiiert; er will das Beste vom Besten; er war der beste von allen Schülern; das war von allem das beste 63 (AR: das Beste 70); aufs beste (AR: aufs beste/Beste 70)

bestehen: im Falle des Nichtbestehens 59

Betreff/betreffs: in diesem Betreff 47; in betreff (AR: in Betreff 70); betreffs Ihrer Anfrage 55

Betrieb: auf ein nicht in Betrieb befindliches Förderband; in Betrieb nehmen 47

betriebsseitig

Beugungs-s 61

bezug/Bezug: Bezug nehmend auf, in bezug auf (Empfehlung: in Bezug auf 47) (AR: in Bezug auf 70); mit Bezug 47

Big Business (Empfehlung: Big business 69 (AR: Bigbusiness/Big Business)

bisherig: wie im bisherigen geschildert 65 (AR: im Bisherigen 70)

bißchen: ein bißchen; ein klein bißchen; das bißchen macht nichts aus 50

bitte schön: du mußt „bitte schön" sagen 60; er rief ein lautes Bitteschön 59

Black Power 40 (AR: Blackpower/Black Power)

blasen: von Tuten und Blasen keine Ahnung haben 59

Blau/blau: eine Spritztour ins Blaue machen; ins Blaue fahren; ins Blaue hinein schießen; weiße Tupfen auf Blau; in Blau unterstreichen 47; das Schaltelement wird in Farbe Blau dargestellt 60; die ersten beiden Gruppen soll blau sein; die Nummer 4 bedeutet blau

Blockschrift schreiben 47

blutdrucksenkend: blutdrucksenkende Wirkung (AR: Blutdruck senkend 70)

Bock springen/bockspringen: er hatte keinen Bock auf Bock springen (Empfehlung: bockspringen) (AR: Bock springen)

Boden gewinnen 47

Bogen: in Bausch und Bogen 64

Boot fahren 47

brandmarken 57

Bratsche spielen: sie spielt gut Bratsche 47

braus: in Saus und Braus leben (Empfehlung: in saus und braus 64)

breit: des langen und breiten darlegen 64 (AR: des Langen und Breiten 70)

Bruch: zu Bruch gehen 47

brustschwimmen: sie schwimmt gern Brust; er konnte nicht brustschwimmen 57

Buch: zu Buche schlagen 47

Bus fahren 47

chemisch: chemische Reaktion; chemische Werke; aber: Chemische Werke Hüls AG 40

chemisch-technisch: wir suchen einen chemisch-technischen Assistenten 38

christlich: der christliche Glaube; Christlicher Verein Junger Männer (CVJM); Christlich-Demokratische Union (CDU)

Common sense 69 (AR: Commonsense/Common Sense 70)

Conditio sine qua non 69

Countdown 47

Country-music 69 (AR: Countrymusic 70)

damals: von damals bis heute

Dame spielen 47

Dank/dank: Dank abstatten/bezeigen/ernten/sagen/schulden/zollen 47; dank der Hilfe des Passanten wurde er gerettet 55

dankeschön: als Dankeschön für geleistete Arbeit 47; „dankeschön" sagen 60

dein: mein und dein verwechseln (AR: Mein und Dein 70); tue das Deine dazu! 59

derselbe: es ist immer derselbe, der …

Deutsch/deutsch: der deutsche Schäferhund 34 (AR: der Deutsche Schäferhund); du verstehst wohl kein Deutsch; seine Muttersprache ist Deutsch; Staatsangehörigkeit: Deutsche(r); Muttersprache: Deutsch; wir lernen/sprechen Deutsch; er schreibt ebenso gut Deutsch wie Englisch; in Deutsch; Prospekte in Deutsch 47; wir reden deutsch miteinander (AR: Deutsch 70); mit dem muß man deutsch reden (AR: Deutsch 70); er schreibt seine Briefe deutsch (AR: Deutsch); er geniert sich, das heißt zu deutsch (AR: Deutsch 70): er hat keinen Mut 55

Diät: diät leben; sie sollten nicht diät leben 57; ich mache/halte keine Diät 47 (AR: Diät leben/halten 70)

Dialekt sprechen 47

dich: fürchte dich nicht, ich habe dich beim Namen gerufen, du bist mein; Jungfrau Maria, ich bitte dich (lit. Texte); ich habe Dich leider nicht angetroffen (Brief) 26 (AR: …habe dich leider … 26)

dick: am 09.09. heiratet Dieter seine Dicke 59; durch dick und dünn gehen 64

Dienst: zu Diensten stehen 47

Dienstag: wir trafen uns Dienstag mittag (AR: Dienstag Mittag) ; wir trafen uns an einem Dienstagmittag 47

dienstags: dienstags mittags nie 55

dioxinhaltig: dioxinhaltige Stoffe

Disziplin: auf Disziplin halten 47

Doppelkopf spielen: wir spielen morgen wieder Doppelkopf 47

dortzulande 55

drei: ab drei (Uhr) verließen die ersten die Versammlung 48; vgl. acht, Acht

dreimal 48

dritte: erst dem dritten gelang es; im Ziel war er der dritte 48 (AR: der Dritte 70); bei von Dritten veranstalteten Veranstaltungen; er ist immer der lachende Dritte; der Dritte im Bunde 59

drum und dran: die Kaffeetafel mit allem Drum und Dran 59

du: mit jemandem auf du und du stehen (AR: auf Du und Du); das Du bei Martin Buber 59

dunkel: im Dunkeln fand er den Ausgang nicht 59; im dunkeln lassen/bleiben/liegen/tappen (AR: im Dunkeln 70); im Dunkeln ist gut munkeln 59

duschen: wir gehen duschen 59

ehebrechen: er brach die Ehe 57

eigen: er redet vom Sparen, seinem eigenen und dem anderer 63; etwas sein eigen nennen (AR: sein Eigen); sich etwas zu eigen machen (AR: zu Eigen 70); das war sein eigen 56

ein: das eine zeige mir; das eine, das not tut; der eine hat alles zugegeben; manch einer konnte das nicht verstehen; wenn einer etwas nicht versteht, dann …; zum einen – zum anderen 48; er ist mein ein und alles 64

eindosen: kostenloses Eindosen beim Kauf von … 59

einfach: es ist das einfachste, wenn du … (AR: das Einfachste); aufs einfachste 65 (AR: aufs einfachste/Einfachste 70)

einfachheitshalber

Eingang: sich Eingang verschaffen 47

eingehend: auf das eingehendste 65 (AR: aufs eingehendste/Eingehendste 70)

eingreifen: jedes Eingreifen der Behörden 59

Einhalt gebieten 47

einige: einige wenige 48

einjährig: er besuchte die einjährige gewerbliche Berufsfachschule in Nürtingen 34

eins: in eins setzen; vgl. acht, Acht

einstweilig: eine einstweilige Verfügung 34

einzeln: der einzelne und die Allgemeinheit (AR: der Einzelne 70); vom einzelnen und von der Allgemeinheit wird erwartet … (AR: vom Einzelnen 70); der/die/das einzelne; in der Masse wird der einzelne nicht mehr gesehen; es konnte kein einzelner wagen, das Haus zu betreten 48 (AR: der Einzelne, kein Einzelner 70); vom Einzelnen zum Allgemeinen kommen 59

einzig: das ist das einzige, was zu tun ist (AR: das Einzige 70); ich bin nicht der einzige, der das weiß 48 (AR: der Einzige 70); er war unser Einziger 59

eislaufen 57 (AR: Eis laufen)

Empfang: in Empfang nehmen 47

en gros: en gros und en detail

Ende: bis Ende Dezember geschlossen; seit Ende März 47

eng: auf das engste befreundet sein 65 (AR: aufs engste/Engste 70)

Englisch: der umfangreiche Schriftwechsel in Englisch; wir wurden gebeten, den deutschen Text ins Englische zu übersetzen 47; vgl. Deutsch/deutsch

englischsprechend: er hörte dem Englisch sprechenden Helmut Schmidt zu, der ein Interview mit englischsprechenden (englischsprachigen) Journalisten gab (AR: Englisch sprechend)

entfernt: nicht im entferntesten 65 (AR: im Entferntesten 70)

enthalten: wir bitten Sie, das in Absatz 2 Enthaltene zu veranlassen 59

entweder: das Entweder-Oder 59 (AR: Entweder-oder)

erhalten: Antwort erhalten 47

Erholung suchen 47

Ernst/ernst: für ernst nehmen 56; Ernst machen (Empfehlung: ernst machen); ernst nehmen 57; ernst werden/sein 56

erste: ab erstem/ersten Mai verdoppelte sich die Anzahl der Besucher; ab erstem/ersten Erstem verdoppelte sich …; das erste, was ich höre; er war der erste, der am Unfallort eintraf (AR: der/das Erste, … 70); das erste beste 48 (AR: das erste Beste 70); fürs erste 65 (AR: fürs Erste 70); er war immer der Erste (Klassenprimus) in der Klasse 59; die Erste Hilfe (AR: die erste Hilfe), der Erste Weltkrieg 40

erstere: das erstere, ersteres 63 (AR: das Erstere, Ersteres 70)

Erwägung: in Erwägung ziehen 47

Esperanto: sprechen Sie Esperanto? 47

essen: der moderne Gourmet liebt essen und trinken

etwas: das besondere Etwas 59

euch: ich grüße Euch/Sie alle; ich grüße Euch andere herzlich (Brief) (AR: euch 26); aber: er sagte: „Ich kann euch sehen." 26

eucharistisch: die eucharistische Taube, der Eucharistische Kongreß 40

evangelisch: die Zufahrt zum evangelischen Krankenhaus; die evangelische Kirche 34; aber: die Evangelische Kirche in Deutschland (EKD) 40

Fach: unter Dach und Fach bringen 64; vom Fach sein; er ist zwar nicht vom Fach, aber … 47

Fahrrad fahren: vgl. Auto fahren

falsch: es ist das falscheste (= ganz falsch), jetzt den Mut sinken zu lassen 65 (AR: das Falscheste 70); es ist das Falscheste, was je geschrieben wurde; nur ein Fachmann kann hier Falsches von Echtem unterscheiden 59; sie ist ohne Falsch 47

faul: er war der Faulste meiner Klasse (Empfehlung: der faulste 63)

fehlen: aufgrund des Fehlens 59

feiern: ich werde 45: Grund zum Feiern 59

Feind/feind: feind bleiben/sein; er ist mir nicht feind 56 (AR: Feind bleiben/sein/ werden, … nicht Feind 70); aber: er ist kein Feind der Familie 47

Feld: ins Feld ziehen; zu Felde ziehen; über(s) Feld gehen 47

Feuer fangen 47

finster: er konnte im Finstern nichts sehen 59; aber: er tappte bei diesem Kriminalfall im finstern 65 (AR: im Finstern 70)

Fluß: die Dinge sind im Fluß; im Fluß der Ereignisse 47

Folge: Folge leisten 47; vgl. infolge/zufolge

folgend: wir bitten Sie, das folgende zu berücksichtigen; zur Richtigstellung vorab folgendes: …; das im folgenden genannte Honorar 66 (AR: das Folgende, Folgendes, im Folgenden 70); der Redner forderte Unterstützung für das Folgende: …; die Folgenden trugen schwarze Trauerkleidung 59

Frage: außer Frage stehen; die Teilnahme an dem Kongreß steht außer Frage 47; in Frage kommen; es muß daher in Frage gestellt werden, ob … 47 (AR: infrage/in Frage)

frei: sie kamen aus dem Freien in die warme Wohnung 59

Freude: außer sich sein vor Freude 47

freund sein: 56 vgl. Feind (AR: Freund sein/bleiben/werden)

für: alles Für und Wider 59

Fug: mit Fug und Recht 64

Fuß: gut zu Fuß sein; er faßte schnell Fuß in der neuen Stadt 47

Gang: in Gang kommen/bringen/halten/setzen (wegen: der Gang der Dinge) 47

ganz: das Buch als Ganzes; ich habe in der Notiz das Ganze nur abgestellt auf
die vorliegenden Zahlen 59 aufs Ganze (= insgesamt) gesehen (Empfehlung:
aufs ganze gesehen 65); im ganzen eindrucksvoll (AR: im Ganzen 70); im großen und ganzen 64 (AR: im Großen und Ganzen 70); im ganzen genommen/
gesehen (AR: im Ganzen); bei dieser Frage ging er aufs Ganze 59
Gast: zu Gast sein 47
Gebot: zu Gebote stehen 47
Gebrauch: falls Sie davon Gebrauch machen wollen, bitten wir … 47
Gebühr: wir haben über Gebühr viele Strapazen auf uns genommen 47
Gedeih: auf Gedeih und Verderb ausgeliefert sein 64
gegeben: es ist das gegebene (= angebracht), heute nicht zu arbeiten 65 (AR:
das Gegebene 70); aber: er behielt das einmal Gegebene 59
geheim: im geheimen (= insgeheim) forschte er schon seit langem auf diesem
Gebiet 65 (AR: im Geheimen 70); alles Geheime wurde verschwiegen 59
Gemüt: zu Gemüte führen 47
genau: z.Zt. ist Genaues nicht bekannt 59; des genaueren, aufs genaueste 65
(AR: des Genaueren, aufs genaueste/Genaueste 70)
Genüge: der Form wird Genüge getan 47
Gericht: sie ging mit ihm hart ins Gericht 47
gering: alle waren versammelt, vornehm und gering 64; er dachte nicht im geringsten daran, … (AR: im Geringsten 70); die Löhne stiegen um ein geringes
(AR: Geringes 70) und die Gewerkschaften taten ein geringes (AR: Geringes
70), dieses zu ändern; dieses Problem geht sie nicht das geringste an 65 (AR:
das Geringste 70)
gesagt: aufgrund des bisher Gesagten ist klar, … 59
gesamt: im gesamten 65 (AR: im Gesamten 70)
gestellt: er hat das in Aussicht Gestellte erhalten 59
Gewähr: für die Einhaltung des Vertrages kann keine Gewähr geleistet werden
47; aber: wir können nicht gewährleisten, daß …
Ghostwriter 47
Glauben: auf Treu und Glauben 64
gleich: du sollst Gleiches nicht mit Gleichem vergelten 59; gleich und gleich ge-
sellt sich gern 64 (AR: Gleich und Gleich 70); es ist doch immer das gleiche
(AR: das Gleiche 70): ob wir dies tun oder das, es kommt das gleiche dabei
heraus (= dasselbe) (AR: auf das gleiche 70); trotz vieler Rückschläge ist er
noch immer der gleiche geblieben (= derselbe) 65 (AR: der Gleiche 70)
Glück wünschen 47
Goethe: ein Goethesches Gedicht (Empfehlung: ein goethesches Gedicht 23)
AR: ein goethesches/Goethe'sches Gedicht 42
Go-go-Girl 69

golden: zur goldenen Hochzeit (Empfehlung: zur Goldenen Hochzeit 34); das Goldene Sportabzeichen 40

Gram: er ist mir gram 56; aber: er verursachte mir keinen Gram 47

groß: der Große Bär 40; sie leistete Großes; in der Taufe tut Gott noch Größeres 59; im großen und ganzen war es recht erfreulich (AR: im Großen und Ganzen 70); es waren groß und klein versammelt 64 (AR: Groß und Klein 70); eine Woche Urlaub wäre jetzt das größte (= am schönsten) (AR: das Größte 70); im großen und kleinen (en gros und en detail) betreiben 65 (AR: im Großen und Kleinen 70)

Grund: ohne Grund; von Grund auf 47; aufgrund der Tatsache, daß … 55; zugrunde gehen/liegen 57; in Grund und Boden 64

grundpreisfrei: die Anlagen sind grundpreisfrei

gut: ich glaube, daß gut und böse als Möglichkeiten von Gott geschaffen sind; Gut und Böse unterscheiden können; jenseits von Gut und Böse (AR: von gut und böse); sie hielten im Guten sowie im Schlechten zusammen 59; die Note „gut", auch: die Note Gut 60; der Vater, der gute 63; an diesem Abend gaben sich gut und böse die Hand 64; er sagte es ihr im guten 65 (AR: im Guten 70); guten Tag sagen (AR: guten/Guten Tag sagen)

halb: fünf vor halb (sechs) 63; ein Halber (Schoppen) 59

halt: haltmachen; er machte nicht halt 57; aber: er machte keinen Halt 47; Halt rufen (AR: Halt/halt rufen 70)

Hand: Hand anlegen; an die Hand gehen; bei der Hand haben; etwas unter der Hand (= in Arbeit) haben 47; aber: etwas unterderhand (= heimlich) verkaufen; zuhanden sein 55; überhand nehmen 57 (Duden: überhandnehmen)

Handball spielen 47

handhaben: das wird so gehandhabt

Harnisch: in Harnisch bringen 47

Haus: außer Hause; zu Hause; nach Hause; das Zuhause; ins Haus stehen 47

haushalten: er hält haus 57 (AR: Haus halten, er hält Haus)

heilig: meine erste heilige Kommunion; die Heilige Stadt 34; Vater, Sohn und Heiliger Geist; der Heilige Abend (= 24.12.); Hospital zum Heiligen Geist 40

hell: vermeide ein Zuviel an Hellem und Rotem; ein Helles (= Bier) 59; das hellste von allen Kleidern 63

herzlich: wir beglückwünschen Sie auf das herzlichste 65 (AR: aufs herzlichste/Herzlichste 70)

heute: zwischen vorgestern und heute liegt das Gestern

hierzulande 55

Hilfe: um Hilfe rufen; zu Hilfe kommen; nach Hilfe rufen 47

hinsehen: bei näherem Hinsehen 59

hin und her: nach langem Hin und Her 59

hoch: hoch und nieder/niedrig gaben sich ein Stelldichein 64 (AR: Hoch und Nie-der/Niedrig 70); er war auf das höchste (höchst/sehr) erstaunt (AR: auf das höchste/Höchste 70); es geht hoch her 65

hören: im Hören auf Gottes Wort 59

Hof/hofhalten: er hielt großen Hof 47; aber: er hielt nicht hof 63 (AR: Hof halten; er hielt Hof 70)

hohnlachen/hohnsprechen: hohnlachend, er lachte ihm hohn; das spricht allem Recht hohn 57 (AR: Hohn lachen, auch hohnlachen, aber: er lachte ihm Hohn 70)

hundert: Hunderte von Zuschauern 47; er verdiente ein paar hundert (Mark); hun-dert DM; mehrere hundert Stellen, hunderte Menschen 48 (AR: hunderte/Hun-derte Menschen 70)

Hunger: Hungers sterben 47 (AR: hungers sterben 70)

hurra: hurra schreien (AR: hurra/Hurra schreien 70)

ihr: bitte teilt mir mit, ob Ihr kommt; habt Ihr Euren Wintergarten fertig? (Brief) 26 (AR: … ob ihr kommt, habt ihr euren Wintergarten fertig 26)

im besonderen 65 (AR: im Besonderen 70)

im folgenden 65 (AR: im Folgenden 70)

im ganzen 65 vgl. ganz (AR: im Ganzen 70)

im voraus: im voraus besten Dank 65 (AR: im Voraus 70)

im weiteren 65 (AR: im Weiteren 70)

imstande sein 56

in Abfolge: die Veranstaltungen finden in Abfolge der genannten Termine statt 47

in acht nehmen: 57 vgl. Acht (AR: in Acht nehmen 70)

in Anbetracht: in Anbetracht der Tatsache … 47

in bezug: in bezug auf Ihr Schreiben vom … (Empfehlung: in Bezug auf … 47); aber: mit Bezug auf (AR: in/mit Bezug auf 70)

in concreto

in dubio

infolge: der Wagen wurde infolge erhöhter Geschwindigkeit aus der Kurve getra-gen 55; aber: sieben Treffer in Folge

in Frage/infrage: in Frage kommen/stellen; das kam nicht in Frage 47 (AR: in Fra-ge/infrage kommen/stellen) 57

in medias res

inmitten: inmitten des Gedränges 55

in Mode kommen: es kam in Mode, zu … 47

in natura

in petto: er hat bei mir noch was in petto

ins Lächerliche ziehen 59

insbesondere

Insider 47

insonderheit (Empfehlung: in Sonderheit 47) (AR: in Sonderheit 70)

instand: instand halten/setzen 57 (AR: instand/in Stand 70)

ja: ja sagen 59 (AR: ja/Ja sagen 70)

Jargon sprechen 47

jedermann: hier kann jedermann mitmachen 48

jederzeit: hier kann jedermann jederzeit Mitglied werden 55

jemand: an jemanden schreiben 48; aber: ein gewisser Jemand 47

Jet-set 69 (AR: Jetset)

Jet-stream 69

Job-sharing 69 (AR: Jobsharing)

jung: viele Alte waren schneller am Ziel als so mancher Junge 59; das jüngste von drei Kindern 63; der Streit zwischen jung und alt 64 (AR: zwischen Jung und Alt 70)

kategorisch: der kategorische Imperativ 34

katholisch: das Fach katholische Religionslehre; die katholische Kirche/Sozial-lehre 34; die Katholische Arbeiterbewegung (KAB) 40

kegelschieben: er schob Kegel (AR: Kegel schieben, er schob Kegel)

Klage: zu(r) Klage Anlaß geben 47

Klasse: das ist klasse 56 (AR: das ist klasse/Klasse 70); aber: das ist große Klas-se 47

klassisch: die klassische Philologie 34

Klavier spielen: vgl. Bratsche spielen

klein: der Kleine Bär (Sternbild) 40; der kleine Muck; aber: sie las den „Kleinen Muck" 25; hallo Kleiner; gebt den Kleinen zu essen 59; groß und klein strömte zusammen 64 (AR: Groß und Klein 70); er hatte einen kleinen sitzen; es war ihm ein Kleines, das zu bezahlen (Empfehlung: ein kleines); im kleinen wirken (AR: im Kleinen 70); er war am kleinsten 65

Knockout: der Knockout 47; jemanden knockout (k.o.) schlagen 57 (AR:Knock-out/Knockout)

Know-how-Transfer 69

kochen: er schwitzte beim Kochen; aber: kochen liebte er 59

Konkurrenz: außer/in/ohne/zur Konkurrenz 47

kopfrechnen 57

kopfstehen: er stand kopf bei dem Gedanken 57 (AR: Kopf stehen, er stand Kopf 70)

kräftig: das Kräftigste von XY: gebacken aus reinem Vollkorn (Werbeslogan) 59 (Empfehlung: das kräftigste 63)

Kraft/kraft: außer Kraft 47; er entschied den Streit kraft seiner Autorität 55

Kreuz/kreuz: aufs Kreuz legen; zu Kreuze kriechen 47; kreuz und quer laufen 57; in die Kreuz und in die Quere springen 64

Kriegsfuß: auf Kriegsfuß stehen 47

Kuchen: Kuchen backen/Kuchenbacken ist eine Kunst 47/59

Kurs halten 47

kurz: einen Kurzen (= Schnaps) trinken; ein Kurzer (= Kurzschluß) in der Leitung 47; über kurz oder lang 64; etwas des kürzeren darlegen; bei diesem Spiel zog er immer den kürzeren (AR: den Kürzeren 70); wir werden dies in Kürze beraten

lächerlich: ins Lächerliche ziehen 59

Land: Land sichten/gewinnen 47; dortzulande; hierzulande 55

lang: des langen und breiten erklärt (AR: des Langen und Breiten 70); seit langem; von lange her; über kurz oder lang 64

Last: das geht zu Lasten von … (AR: zu Lasten/zulasten); zur Last fallen 47

Latein/lateinisch: vgl. Deutsch/deutsch

Latinum: das kleine Latinum 34

laufend: auf dem laufenden bleiben/halten/sein 65 (AR: auf dem laufenden 70)

leben: 25 Jahre leben und wohnen/Leben und Wohnen in unserer Siedlung; zum Leben zu wenig 59

Leder: der Hund wollte ihm ans Leder; vom Leder ziehen 47

leer: ins Leere starren 59

Leib: zu Leibe rücken; bleib mir mit dem Käse vom Leib 47; das ist beileibe nicht alles

leicht: es war ihm ein leichtes, den Wagen zu öffnen 65 (AR: ein Leichtes 70)

Leid/leid: er tat ihr kein Leid an 47; aber: er war es leid, zu … 56; das tat ihm leid 57 (AR: tat ihm Leid 70); jemandem etwas zuleide tun 57

leistungsfähig: der wirtschaftlich Leistungsfähigste wird herangezogen 59

lesen: er muß lesen und schreiben lernen; viel Freude beim Lesen 59

Letzt: zu guter Letzt noch eine persönliche Bemerkung 47

letzte: das war aber das letzte, was er tun würde (AR: das Letzte, was … 70); die letzten beiden räumen den Tisch auf; er war immer der letzte; zum letzten; die Arbeiter erfuhren es als letzte 48 (AR: der Letzte, zum Letzten, als Letzte 70); die Ersten werden die Letzten sein; hier geht's ums Letzte; und ein Letztes hatte er noch zu sagen; der Letzte des Monats ist nah; er gab für diesen Sieg sein Letztes 59; beim letzten der Häuser biegen Sie links ab 63; eine Rechtslage, die wir nicht bis ins letzte klären wollen 65 (AR: bis ins Letzte 70)

letzterer: … weil letzterer 48 (AR: Letzterer 70)

Liebe: vgl. zuliebe; er sprang ihr zuliebe in die Brennesseln 55

liegend: der am Boden Liegende stand wieder auf 59

Lust: Lust haben/finden 47

Luther: die Lutherischen Kirchenlieder (= die Kirchenlieder Luthers) (Empfehlung: die lutherischen 23) (AR: die lutherischen Kirchenlieder); lutherische Kirche 34; der Lutherische Weltbund 40

Make-up 69
Mal: beim ersten Mal; zum ersten Mal 47; auch: beim erstenmal; zum erstenmal; ein paar dutzend mal 50 (AR: ein paar dutzend Mal 70)
manch: manch einer; man sah manche weinen; mancher Staunende 48
Mangel: aus Mangel an Beweisen 47
mangelhaft: vgl. ausreichend
mangels: ihm war mangels Beweisen nichts nachzuweisen 55
maschineschreiben: mit der Maschine schreiben 47; sie schreibt gut Maschine 55; sie konnte gut maschineschreiben 57 (AR: Maschine schreiben)
maßhalten: er hielt maß, maßgehalten 57 (AR: Maß halten, er hält Maß)
Maß nehmen: der Torjäger nahm Maß, er hat nicht Maß genommen (Empfehlung: maßnehmen, nahm maß 57)
maßregeln: er wurde gemaßregelt 57
medizinisch: die medizinische Klinik 34
mehr: üblicherweise entfällt ein Mehr an Kundigmachen 59
meiste: das meiste war bekannt; die meisten kamen 48
menschlich: das Menschliche am Computer ist … 59
Midlife-crisis 69 (AR: Midlifecrisis/Midlife-Crisis)
mindest: das mindeste ist …; nicht im mindesten 66 (AR: das Mindeste; nicht im Mindesten 70)
mindestfordernd: die Firma xy bleibt mindestfordernde 63
mit Ausnahme 47
mit Bezug: vgl. in bezug
mit Dank 47
mit Fug und Recht 64
mit Hilfe/mithilfe 47/55
mit Recht 47
mit Wissen 47
Mittag: kurz vor Mittag wurde das Essen geliefert; sie aßen zu Mittag 47
mittag/mittags: wir trafen uns Dienstag mittag/gestern mittag (AR: Dienstag Mittag/gestern Mittag); aber: wir trafen uns an einem Dienstagmittag; sie kam mittags nach Hause 55
Mitte: bis Mitte Juni muß die Arbeit beendet sein; verstellen der Papierschiene nach unten, in die Mitte und nach oben; unten: … Mitte: … oben: … (in einer Tabelle) 47; aber: inmitten 55
Mittel: die Temperaturen sanken im Mittel auf -5 Grad Celsius 47; ihm geht es mittel 55

mittels: der Wagen wurde mittels einer Kurbel gestartet 55

mitternachts 55

mittlere: die mittlere Reife 34; der Mittlere Osten 40

Mode: „weil es Mode ist", antwortete sie 47

möglich: alles mögliche (= allerlei) tun 66; sein möglichstes tun 65 (AR: alles Mögliche; sein Möglichstes 70)

Moll: die a-Moll-Arie 61

morgen/Morgen/morgens: heute oder morgen kann das Pulverfaß explodieren; als er morgens aufwachte, dachte er an den ersten Morgen, den er hier verbracht hatte 55/47; vgl. abend/Abend

Moto-cross 69 (Duden: Moto-Cross)

mündlich: Kenntnisse der englischen Sprache, insbesondere im Mündlichen 59

müssen: es ist für mich ein inneres Muß, … 59

Mut: er faßte Mut; Mut machen 47; vgl. zumute 55

nachhinein: im nachhinein bitten wir Sie … 55 (AR: im Nachhinein 70)

Nachmittag/nachmittag: wir freuen uns alle auf den morgigen Nachmittag 47; morgen nachmittag wird das Fest stattfinden 55 (AR: morgen Nachmittag 70); vgl. Abend/abend

nächste: der nächste, der … 63 (AR: der Nächste, der … 70); als nächstes 65 (AR: als Nächstes 70)

Nacht: bei Nacht erscheint der Park gespenstisch und unheimlich 47

nacht/nachts: gestern nacht wurde das Feuerwerk gestartet (AR: gestern Nacht); er konnte nachts nicht schlafen 55

nachtwandeln: sie nachtwandelte regelmäßig 57

nah und fern: die Zuschauer kamen von nah und fern 64

namens: ein Kanzler namens Kohl 55

nämlich: das nämliche gilt … 66 (AR: das Nämliche 70)

national: betreffs Bewerbung „nationaler Verkaufsleiter" 34; das Nationale Olympische Komitee (NOK); die Nationaldemokratische Partei Deutschlands (NPD) 40

nebenstehend: im nebenstehenden 65 (AR: im Nebenstehenden 70)

neu: ein gutes neues Jahr; die neue Post in Waiblingen (Post = Postamt) 34; der Neue Bund (bibl.) 40; ständig das Neueste zum Anziehen haben 59; auf ein neues; aufs neue; sich auf neues freuen; das neueste ist, daß er … 65; aber: das Neueste, was ich gehört habe; aufs neue 65 (AR: aufs neue/Neue 70)

neun: er warf alle neune 48; vgl. acht, Acht

Newcomer: der Newcomer Becker errang den Titel 47

nichts für die vorgeschlagenen Aufwendungen spricht nichts Gegenteiliges; nichts Ganzes und nichts Halbes

nieder: allerhand Niederes; Hohe und Niedere; das Auf und Nieder 59; hoch und nieder 64 (AR: Hoch und Nieder 70)

Niederländisch: betr. Übersetzungen Niederländisch (Holländisch und Flämisch) 47; vgl. Deutsch/deutsch

niemand: niemand kam; niemand von uns hat etwas gesehen 48; aber: ein geheimnisvoller Niemand 47

Nord/Norden: der Wind kommt aus Norden; gen Norden; Nord und Süd 47

normal/Normal: der Wagen läuft normal, er braucht 7 Liter Normal 47

Not: Eile tut not 57 (AR: tut Not 70); vgl. vonnöten sein

nu: Georg, nu mach voran!

Nu: im Nu sind die Kekse weggegessen 59

nütze: er ist zu nichts nütze 56

Null/null: die Stunde Null; Null Komma nichts; das Thermometer steht auf Null 47; aber: null Komma acht (0,8); null Uhr 48; vgl. acht, Acht

Numerus clausus 69

Nutzen: von Nutzen sein 47

Obacht: in Obacht nehmen; Obacht geben 47

ober…: die Oberste Landesbehörde 40; aber: die oberste Instanz; die oberen Zehntausend

öffentlich: die öffentlich bestellten Vermessungsingenieure 34

oft: des öfteren 65 (AR: des Öfteren 70)

olympisch: die Olympischen Spiele 40; die olympischen Disziplinen; olympisches Gold

Ost/Osten: vgl. Nord/Norden

Outsider 47

Paar/paar: das ungleiche Paar trank an der Theke ein paar Glas Bier 47/48

Paroli bieten 47

päpstlich: die päpstlichen Insignien; ein päpstlicher Segen; aber: der Päpstliche Segen (= urbi et orbi) 40

Parterre/parterre: das Parterre wurde geräumt 47; er wohnt parterre 55

Pas de deux 69

Paso doble 69

Persona grata/non grata 69

personenbezogen: die Speicherung von personenbezogenen Daten

peu à peu: sie arbeiten die Aktenberge peu à peu ab

Pfeife rauchen: sie rauchen Pfeife 47

Pin-up-Girl 69

Platon: platonische Liebe; Platonische Schriften (Empfehlung: platonische Schriften) 23

Platz nehmen 47

Pleite/pleite: Pleite machen; er würde keine Pleite machen 47; pleite sein/gehen;
    die Firma ging pleite 56

prämiensparen (nur im Infinitiv gebräuchlich) 57

Preis: hoch im Preis stehen 47

preisgeben: er gibt das Geheimnis preis; er hat das Geheimnis preisgegeben 57
preiskegeln 57

pro: das Pro und Kontra 59

Pro-Kopf-Verbrauch 68

probefahren: er fährt Probe, er ist probegefahren 57 (AR: Probe fahren)

probelaufen: er läuft Probe, ist probegelaufen 57 (AR: Probe laufen)

probesingen: er singt Probe, hat probegesungen 57 (AR: Probe singen)

Public Relations 69 (AR: Publicrelations/Public Relations)

punktschweißen: punktgeschweißt 57

qua

querbeet: querbeet laufen

querfeldein: er läuft querfeldein; aber: er läuft Querfeldein (= er nimmt an einem
    Querfeldeinrennen teil) 47

Quickstep 47

Quidproquo 47

Quiproquo 47

quitt: mit jemandem quitt sein

Quivive: er war in dieser Situation auf dem Quivive 47

radfahren: ich fahre Rad 57 (AR: Rad fahren 70)

radschlagen: er konnte gut radschlagen 57; er schlug ein Rad 47 (AR: Rad schla-
    gen 70)

Rand: außer Rand und Band 64; vgl. zurande

Rat: mit Rat und Tat 55; vgl. zurate ziehen

Recht/recht: die Klage wurde zu Recht abgewiesen; von Rechts wegen; sein
    Recht finden; das (ein) Recht haben, etwas zu tun; im Recht sein; er hatte kein
    Recht; Recht muß Recht bleiben (sein); Recht bekommen; er hat kein Recht
    bekommen 47; aber: er hatte nicht recht bekommen 56; Recht erhalten; er hat
    trotz guter Anwälte kein Recht erhalten; Recht sprechen; vor Gericht Recht su-
    chen/finden 47; das ist mir recht; er hat nicht recht 56; das geschieht dir recht;
    ich muß ihm recht geben; recht bekommen; das ist nicht recht; das finde ich
    recht; da gebe ich dir recht 56

rechtens: er ist rechtens verurteilt worden 55; er hält die Nachversteuerung für
    Rechtens; das ist nicht Rechtens (Empfehlung: ist nicht rechtens 56); (AR: ist
    nicht rechtens 70)

reich: arm und reich (AR: Arm und Reich); vgl. arm

rein: er wird mit sich ins reine kommen 57; der Brief muß noch ins reine geschrie-
    ben werden 65 (AR: ins Reine 70)

Rheingau: prägnanter Rheingauer Riesling (Empfehlung: rheingauer Riesling)

rheinisch: rheinische Mundarten; die Rheinische Sinfonie (von Schumann) 40

richtig: genau das Richtige für ihr Bad; er tat das Richtige im richtigen Moment,
    denn er gewann sechs Richtige 59; ein Bewerber, der der richtige war … 63;
    das richtige wäre zu warten 65 (AR: das Richtige wäre … 70)

roh: der Bau ist im rohen schon fertig 65 (AR: im Rohen 70)

rot: niemand soll bei Rot über die Straße gehen 47; rotsehen; er sah rot 57; der
    Rote (= Indianer) 47; vgl. Blau/blau

rückenschwimmen: vgl. brustschwimmen

Russisch/russisch: vgl. Deutsch/deutsch

sämtlich: er kam mit sämtlichen gut aus 48; vgl. alle

sandstrahlen (nur im Infinitiv gebräuchlich) 57

saus: in Saus und Braus leben 64

Schaden: zu Schaden kommen; niemand ist bei dem Unfall zu Schaden gekom-
    men 47

Schande: zu seiner Schande 47; zuschanden werden 57

Schimpf: mit Schimpf und Schande 64

schlecht: Gute und Schlechte; Schlechtes tun 59; die schlechteste von drei Ar-
    beiten 63; es wäre das schlechteste (= am schlechtesten), jetzt so zu reagieren
    65 (AR: das Schlechteste 70)

schlimm: jemanden aufs schlimmste behandeln 65 (AR: aufs schlimmste/
    Schlimmste 70)

schlußfolgern 57

schön: das Schönste, was ich je gesehen habe; Schönes und Häßliches; eine
    Schöne betrat den Saal 59; jetzt wäre es das schönste (= am schönsten) zu
    schlafen 65 (AR: das Schönste 70); das Barometer steht auf „schön" 60

schrecklich: aufs schrecklichste 65 (AR: aufs schrecklichste/Schrecklichste 70)

Schuld/schuld: schuld sein/geben/haben (Empfehlung: Schuld geben/haben 47)
    (AR: Schuld geben/haben 70); er gab ihm keine Schuld an dem Vorfall; ich
    habe keine Schuld, daß … 47; ich bin nicht schuld, daß … 56; sich etwas zu-
    schulden kommen lassen 57

Schwarz/schwarz: die Katze war weiß und grau gefleckt mit Schwarz drin 47; mit
    dieser Behauptung traf er ins Schwarze (Empfehlung: ins schwarze 65); aber:
    der Schütze traf ins Schwarze 59; schwarzsehen; er sah schwarz 57; vgl. Blau/
    blau

Schwarzer Peter: sie spielten Schwarzer Peter 40 (AR: schwarzer Peter 42)

Schweiz: aus Schweizer Sicht (Empfehlung: aus schweizer Sicht 23) schweizerisch: das schweizerische Bankwesen 34

schwimmen: langes Schwimmen bekommt mir 59; ich gehe gern schwimmen

sehr gut: vgl. ausreichend

sein: er behielt nur das Seine/Seinige 59; aber: es ging um Autos, das seine war in Ordnung 63

seit alters: vgl. alters

seit Ende 47

Seite: von/auf seiten; es bestehen von/auf seiten der Firma keine Einwände 55 (AR: aufseiten/auf Seiten; vonseiten/von Seiten); beiseite legen 57

seitens: … seitens der Geschäftsführung 55

seitenschwimmen (nur im Infinitiv gebräuchlich) 57

Short story 69 (AR: Short Story)

sich ändern: das Sichändern 59

sich anfreunden: das Sichanfreunden 59

sicher: beim nächsten Wurf muß er auf Nummer Sicher gehen 60 (AR: auf Nummer sicher/Sicher); noch einen Schritt und wir sind im sichern (= sicher) 65 (AR: im Sichern)

sicherstellen: Auswertung der gemachten Erfahrungen und Sicherstellen/sicherstellen des Erfahrungsflusses 59

silbern: die silberne Hochzeit (Empfehlung: die Silberne Hochzeit 34); er bekam das Silberne Lorbeerblatt 40

sitzen: arbeiten im Sitzen und Gehen 59

Skat spielen 47

S-Kurve

S-Laut

solch: ein solches ist … 48 (AR: ein solches/Solches 70)

Soll: Soll und Haben 64

sommers: er fährt sommers wie winters mit seinem Surfbrett 55

Sonderheit: insonderheit 55 (Empfehlung: in Sonderheit 47); (AR: in Sonderheit)

sowohl … als auch: ein entschiedenes Sowohl-Als-auch 68 (AR: Sowohl-als-auch)

Spitze/spitze: Schiffeversenken ist Spitze/spitze 56

staatlich: staatlich anerkannter Luftkurort 34

Stand: vgl. außerstande/imstande/zustande sein

standhalten: sie hielten den Versuchungen stand 57

Statt/statt: an Eides Statt; der Befragte gab die Erklärung an Eides Statt ab; an Kindes Statt annehmen 47 (AR: an Eides/Kindes statt); er kann statt meiner 55; vgl. anstatt; vonstatten

stattfinden: die Veranstaltung findet heute statt; die Veranstaltung hat heute stattgefunden 57

staubsaugen: er saugte Staub; er staubsaugte; er hat Staub gesaugt/staubge-
saugt 47/57
Steckscheiben: die Durchführungsanweisung versteht unter Steckscheibenset-
zen auch das Steckscheibenziehen 59
stehen: ihr abseits Stehende 59
Stelle: vgl. anstelle

tabula rasa machen (AR: Tabula rasa)
Tag: die Maschine wird unter Tage eingesetzt 47; zutage treten/bringen 55
Tal: zu Tal fahren 47
tausend: in tausend Bildern 48; vgl. hundert
technisch: ein technisches Problem; die Rheinisch-Westfälische Technische
Hochschule (RWTH) Aachen 40
Teil: zuteil werden 57
teilnehmen: an dem Ausflug nahmen viele teil; an dem Ausflug haben viele teil-
genommen 57
Tête-à-tête 69 (AR: Tete-a-tete/ Tête-à-tête)
Tie-Break (Empfehlung: Tie-break 69); (AR: Tiebreak/Tie-Break)
tief: wir bedauern den Vorfall auf das tiefste 65 (AR: aufs tiefste/Tiefste 70)
treu: auf Treu und Glauben 64
trocken: sie saßen im Trockenen 59; als die Gäste auf dem trockenen saßen …;
sein Schäfchen ins trockene bringen 65 (AR: auf dem Trockenen; ins Trockene
70)
tuten: von Tuten und Blasen keine Ahnung haben 59

Übel: von Übel sein 47
über Kopf 47
übereck: stellen Sie die Couch bitte übereck
überhand: überhand nehmen (Duden überhandnehmen); es nimmt überhand; es
hat überhand genommen 57
üblich: die Alternative zum üblichen 59
übrig: die übrigen 48; ein übriges tun 66; uns wurde die Fahrt im übrigen (i.ü.)
auch zu lang 65 (AR: die Übrigen; ein Übriges tun; im Übrigen [i. Ü.])
umstürzen: durch umstürzen der Mauer; ein Umstürzen der Mauer 59
unbekannt: Anzeige gegen Unbekannt 59 (AR: gegen unbekannt)
ungenügend: vgl. ausreichend
ungewiß: im ungewissen sein 65 (AR: im Ungewissen 70)
ungezählt: es kamen ungezählte 66 (AR: Ungezählte 70)
unklar: im unklaren sein 65 (AR: im Unklaren 70)
unmöglich: das Unmöglichwerden, das weder der Schuldner noch der Gläubiger
zu vertreten hat, … 59

Unrecht: mit dieser Behauptung setzte er sich ins Unrecht 47; unrecht geben; ich habe nicht unrecht (bekommen) 57 (AR: Unrecht bekommen); vgl. Recht/recht

unser: „Unsere kleine Stadt" (Titel) 25; Unsere Liebe Frau 40; das Unsere/Unsrige (= Habe) 59; aber: von allen Kindern war das unsrige am schmutzigsten 63

unter Tage: vgl. Tag

unzählige: es kamen unzählige 66 (AR: Unzählige)

urlaubsbedingt: urlaubsbedingter Ausfall der Sprechstunden

verborgen: die Drahtzieher blieben im verborgenen (= verborgen) 65

verderb: auf gedeih und verderb 64 (Duden: auf Gedeih und Verderb)

vereinzelt: es kamen vereinzelte 66 (AR: Vereinzelte)

verschieden: Verschiedenes (Tagesordnungspunkt) 59; sie diskutierten verschiedenes (= einiges); wir haben verschiedenes (= dies und das) getan 66 (AR: Verschiedenes 70); aber: sie redeten von Verschiedenem (= Unterschiedlichem)

verwalten: ein Mehr an Verwalten/verwalten und Regieren/regieren 59

viel: das war der Wunsch vieler; plötzlich stand noch einer statt vieler vor dem Haus; die vielen; sich in vielem ergänzen/unterscheiden; sie hat ja in vielem recht, aber was zuviel ist, das ist zuviel 48

viertel: ein viertel Liter 48; aber: ein Viertelliter 47; eine dreiviertel Stunde 48; aber: um Viertel vor acht (AR: um viertel vor acht); in drei Vierteln aller Haushalte 47

vis-à-vis: das Visavis

voll: er schöpfte aus dem vollen; ins volle greifen 65 (AR: aus dem Vollen; ins Volle 70)

von Grund auf 47

von Rechts wegen 47

von Nutzen sein 47

vonnöten sein 57

vonstatten: die Arbeit ging vonstatten 57

voraus: im voraus besten Dank 65 (AR: im/zum Voraus 70)

vorhinein: im vorhinein 65 (AR: im Vorhinein)

vorzeiten: ich bin vorzeiten dort zur Schule gegangen 55

Walkie-talkie 69 (AR: Walkie-Talkie)

warm: hier läßt er den Gegensatz zwischen warm und kalt spielen 64

wasserabweisend: der Stoff ist wasserabweisend (AR: Wasser abweisend)

wechseln: auch bei häufigem Wechseln keine Beanstandung 59

Weg: zuwege bringen 57

weh: mit lautem Weh und Ach 59; vgl. ach

weit: er war bei weitem der schnellste; bis auf weiteres; des weiteren; ohne weiteres 65 (AR: bei Weitem; bis auf Weiteres; des Weiteren; ohne Weiteres); falls Weiteres (= mehr) abzuklären wäre, bitten wir Sie, … (Empfehlung: falls weiteres … 66); alles Weitere (Empfehlung: alles weitere) wird sich finden 66; aber: dieses Kleid ist zu eng, alles Weitere käme in Frage 59

wenig: das wenige, was sie verdient, wird auch noch hoch besteuert; ein Weniger an leeren Versprechungen 59; ich kann euch zwar nur wenig überlassen, aber dieses wenige ist, … nur einige wenige sagten diesen Ausgang voraus 48

wenn: der Plan wird ohne Wenn und Aber durchgeführt; da hilft kein Wenn und Aber 59

Werk: zu Werke gehen 47

wesentlich: im wesentlichen 65 (AR: im Wesentlichen 70)

wetteifern 57

wetterleuchten: es wetterleuchtete 57

wichtig: das Wichtigste sei noch einmal zusammengefaßt 59

Willen: das tat er nur wider Willen 47

wissenschaftlich: wissenschaftliche Hilfskraft 34

Wunder: er hat wunder was getan 55 (AR: Wunder was)

x-Achse 61

x-Beine: x-beinig 61 (AR: x-beinig/X-beinig)

x-mal 61

y-Achse 61

zehn: die Zehn Gebote 40; ein Zehner (= Zehnmarkschein); Einer und Zehner zusammenzählen 47; vgl. acht, Acht

zehnte: den Zehnten (= Steuer) eintreiben 47; er ging als zehnter durchs Ziel 48 (AR: als Zehnter 70)

zehntel: in der Größe von einigen zehntel Millimetern 48; vgl. viertel

Zeit: beizeiten; vorzeiten; zuzeiten; zeit seines Studiums; zeitlebens; er blieb zeitlebens dem Alkohol verfallen 55; zur Zeit 47

zentral: in der Bundesrepublik Deutschland gibt es eine zentrale Studienvergabe; die Unterlagen sind bei der Zentralen Studienvergabe Dortmund (ZVS) einzureichen 34/40

zufolge: den Angaben zufolge waren sie … 55

Zuge: im Zuge der Maßnahmen 47

zugrunde gehen 57

zugunsten 55

zugute halten 57

zu Händen: zu Händen (z. Hd.) von … 47

zuhanden: zuhanden sein 55

zu Hause: vgl. Haus

Zuhause: manche Tiere haben kein Zuhause 47

zu Lande/zulande: zu Wasser und zu Lande 47; bei uns zulande; hierzulande 55 zuleide tun: jemandem etwas zuleide tun 57

zuliebe: dir zuliebe bin ich gekommen 55

zu Mittag: sie aßen zu Mittag 47

zumute: ihr war traurig zumute 57

zunutze: sich etwas zunutze machen 57

zu Rande kommen: er kam gut zu Rande (Empfehlung: zurande 57); (AR: zurande/zu Rande)

zu Rate ziehen 47 (AR: zurate/zu Rate)

zurecht: die Frisur zurecht machen; ich komme gut zurecht 57

zu Schaden kommen 47

zuschulden kommen lassen 57

zustande kommen 57

zustatten kommen 57

zutage treten/bringen 57

zu Tal fahren 47

zuteil werden 57

zuungunsten 55 (AR: zuungunsten/zu Ungunsten)

zuviel: ein Zuviel an Veranstaltungen 59

zu Wasser 47

zuwege bringen 57

zur Zeit 47 (AR: zurzeit)

zuzeiten: ich gehe zuzeiten (= bisweilen) schwimmen 55; aber: zu Zeiten Karls des Großen 47

zwei: den zwei(en); vgl. acht, Acht

zweite: ein Auto rast bei Gelb über die Ampel, dahinter gleich ein zweites; er wurde zweiter 48 (AR: Zweiter 70)

Kleines Verzeichnis grammatischer Begriffe

Adjektiv	Eigenschaftswort	groß, gut, schön, durstig
Adverb	Umstandswort	heute, gleich, nachher, dort
Angabe	adverbiale Bestimmung	**Nach dem Essen** gingen wir; wir fuhren **nach Köln**
Apostroph	Auslassungszeichen	Ohm'sches Gesetz
Apposition	Beisatz	Karl, der Sachsenschlächter, ...
Artikel	Geschlechtswort	der, die, das, ein, eine
Attribut	Beifügung	guter französischer Rotwein, eine Nacht im Heu
Deklination	die "Beugung" von Nomen, Pronomen, Artikeln und Adjektiven s. Fälle, Singular, Plural	
Desubstantivierung	Überführung eines Substantivs in eine andere Wortart	**dank** eurer Hilfe, ich gehe **abends**, **aufgrund** dieser Tatsache
Fall	Deklinationsform von Artikeln, Nomen und Pronomen	1. Fall (Nominativ): ich, der 2. Fall (Genitiv): meiner, des 3. Fall (Dativ): mir, dem 4. Fall (Akkusativ): mich, den
Infinitiv	Grundform des Verbs	können, sein, machen, sagen
Kasus	s. Fall	
Konjugation	die "Beugung" des Verbs	ich gehe, du gehst, ..., ich ging, du gingst, ..geh, geht, ...
Konjunktion	Bindewort	und, oder, daß, sodaß
Nomen (Substantiv)	Namenwort	Haus, Mensch, Autobahn, Joghurt
Nominalisierung	Umwandlung in ein Nomen	das In-den-Tag-hinein-Leben
Objekt	Verbergänzung im zweiten, dritten oder vierten Fall	Ich sehe **dich**; ich danke **dir**; wir gedenken **unserer Toten**
Partikel	unveränderliches Wort	ziemlich, irre, beileibe, anheim
Partizip I	Mittelwort I	singend, stehend, seiend, sagend
Partizip II	Mittelwort II	gesungen, gestanden, gewesen, gesagt
Plural	Mehrzahl	die Häuser; wir gehen, ihr geht, sie gehen
Possesivpronomen	besitzanzeigendes Fürwort	mein, dein, sein
Prädikat	Satzaussage	Er **kommt**, ... **hat** ... **gesagt**, ... **ist** ... **befördert worden**
Prädikativ	Prädikatsergänzung	... ist **groß**, ...bleibt **ein Schuft**
Präposition	Verhältniswort	in, an, auf, nach, aufgrund, entlang
Pronomen	Fürwort	ich, du, er/sie/es, dieser, jener
Relativpronomen	rückbezügliches Fürwort	der, die, das, ..., welcher, welche, welches
Singular	Einzahl	das Haus; ich gehe, du gehst, er/sie/es geht
Subjekt	Satzgegenstand	**Ich** komme. **Meine Frau** wird uns abholen.
Substantiv	s. Nomen	
Substantivierung	s. Nominalisierung	
Syntax	Satzbau	Sie (= Subjekt) gab (= Prädikat) mir (= indirektes Objekt) einen Kuß (= direktes Objekt)
Verb	Zeitwort	singen, gehen, sagen, bleiben, können, mögen
Wortart	Klassifizierung der Wörter nach ihrer Form	Substantiv, Verb, Adjektiv, Pronomen, ...
Zahladjektiv	Zahlwort, das formal ein Adjektiv ist	der dritte, viel(e), wenig(e)
Zahlpronomen	Zahlwort, das formal ein Pronomen ist	einige, manche, jeder

Register

Die Zahlen hinter dem jeweiligen Stichwort beziehen sich auf die Seiten, in denen es aufgeführt bzw. der entsprechende Begriff behandelt ist.